ESSAI

SUR

LE DROIT D'ACCROISSEMENT.

ESSAI

SUR LE

DROIT D'ACCROISSEMENT.

TRIBUT ACADÉMIQUE

OFFERT A LA FACULTÉ DE DROIT D'AIX,

Pour obtenir le grade de Docteur,

PAR ALBAN D'HAUTHUILLE,

AVOCAT.

NOVEMBRE 1834.

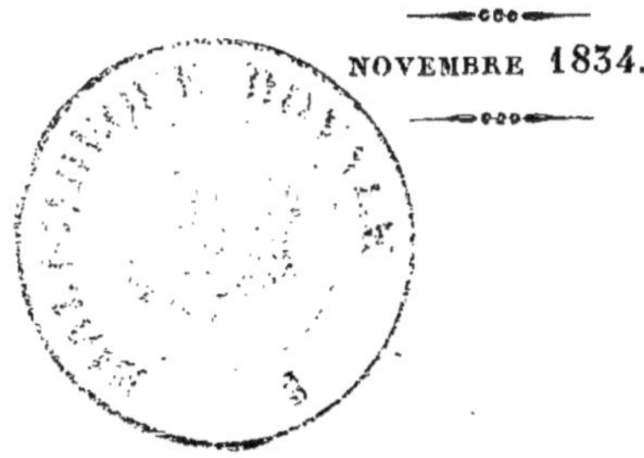

MARSEILLE,

DE L'IMPRIMERIE DE MARIUS OLIVE,

RUE PARADIS, 47.

1834

A mon Père.

Introduction.

I.

Il est dans la science du droit des matières aujourd'hui difficiles et obscures, mais qui ne l'ont point toujours été, et qui le sont devenues par les travaux mêmes qu'on a faits pour les éclaircir. Une erreur en entraîne ordinairement beaucoup d'autres à sa suite, et lorsqu'elle est transformée en une disposition législative, elle introduit la confusion dans toute la doctrine à laquelle elle appartient, parce qu'elle brise la chaîne de ces déductions logiques dont la suite composait un système clair et régulier.

C'est ce que l'on peut observer surtout pour la théorie du droit d'accroissement. Cette matière a toujours été regardée comme l'une des plus abstraites. Merille en a exprimé la difficulté par le titre même du traité qu'il en a composé, *Obscurorum*, et M. Toullier n'hésite point à la proclamer la matière la plus subtile et la plus épineuse du droit romain. Et cependant, si on la dépouille de toutes les modifications législatives qu'elle a subies, et de toutes les subtilités qui y ont été successivement introduites par les interprètes, on voit paraître dans l'ancien droit romain un système aussi simple dans la position de ses principes fondamentaux, que logique dans la déduction de ses règles secondaires.

II.

On dit qu'il y a lieu au droit d'accroissement dans les hérédités, les legs et autres droits analogues, lorsque plusieurs personnes étant appelées à les recueillir concurremment et par conséquent à se les partager, la loi veut que si l'une est défaillante, les autres obtiennent la totalité.

Quand plusieurs co-héritiers ou co-légataires sont respectivement dans cette position, les droits de chacun sont plus considérables quand l'autre ne recueille point, que lorsqu'il vient à partage. Or, comme l'on doit naturellement s'attendre au concours, et que la défaillance n'est qu'un accident, une exception, il est vrai de dire que chacun a une chance de gagner dans la possibilité de la défaillance de l'autre, et que cette défaillance, quand elle arrive, *augmente* ses droits de tout ce dont ils eussent été moindres si le défaillant fût venu à partage. C'est pourquoi l'on nomme *droit d'accroissement* le droit éventuel qu'ont réciproquement plusieurs personnes appelées à recueillir une même chose, d'obtenir, en cas de défaillance de l'une d'elles, la portion que celle-ci aurait recueillie. On appelle aussi *droit d'accroissement,* le droit de recueillir la portion d'un co-appelé déférée aux autres par sa défaillance. C'est ainsi que l'on peut dire que *l'accroissement* est la dévolution de la part du défaillant à ses co-héritiers ou co-légataires, ou bien une sorte d'*accession* de cette part à celles des autres.

On peut concevoir deux hypothèses bien différentes d'accroissement :

1° Si plusieurs héritiers ou légataires sont appelés solidairement à recueillir chacun la totalité d'une même chose, tous ne pouvant l'avoir toute à la fois, elle doit nécessairement être partagée entre eux. Si, en un tel état de choses, la loi accorde, en cas de défaillance de l'un d'eux, l'accroissement aux autres, c'est moins un nouveau droit qu'elle leur confère, que l'avantage d'exercer leurs propres droits dans toute leur plénitude. On peut dire, dans ce cas-là, que le concours de plusieurs ayans-droit solidaires sur une même chose les forçait tous à une réduction, à n'obtenir qu'une partie au lieu du tout auquel ils étaient appelés, et que la défaillance des uns fait éviter aux autres cette réduction, ou du moins la diminue s'ils se trouvent encore plusieurs.

2° Si les co-héritiers ou co-légataires étaient appelés entre tous à une même chose, mais chacun pour sa portion, on ne pourrait plus dire que l'exercice des droits des uns réduit les droits des autres; chacun, au contraire, aurait son droit distinct et indépendant. Si donc, entre deux personnes qui se trouvent respectivement dans cette position, la loi admettait l'accroissement, elle ajouterait véritablement un nouveau droit à un droit personnel et primitif, et elle ne pourrait l'accorder qu'en mettant l'une de ces personnes au lieu et place de l'autre. On pourrait dire, dans ce cas-là, qu'elle établit entre les co-héritiers ou co-légataires une sorte de substitution réciproque.

Voilà donc deux espèces de droit d'accroissement qu'il ne faut pas confondre : l'une consiste seulement à être dispensé, par la défaillance d'un co-héritier ou co-légataire, de la réduction que sa concurrence aurait fait éprouver; l'autre consiste à obtenir la portion d'un associé, à laquelle on n'était point d'ailleurs appelé directement. D'où l'on peut poser comme différence capitale, que l'on exerce l'un par son propre droit personnel, et l'autre par représentation de son co-appelé défaillant.

Nous verrons l'un et l'autre de ces deux types primitifs de l'accroissement tour à tour admis, modifié, rejeté par le droit romain et par le droit français; et de l'origine si différente de chacun, nous déduirons toutes les diverses règles qui successivement ont régi cette matière sous les deux législations.

III.

Il faut se garder de confondre l'accroissement avec un droit qui a cependant avec lui une grande affinité : je veux parler de ce droit qu'a un héritier ou légataire chargé d'exécuter une disposition, d'en retenir l'objet lorsqu'elle ne peut sortir à effet, droit que l'on peut appeler de *rétention*.

On voit que dans cette hypothèse, comme dans l'accroissement, deux dispositions se rencontrent sur le même objet; mais elles n'y concourent point et ne donnent point lieu à un partage : loin de là, l'une est secondaire à l'autre, en est une charge ou condition et doit être exécutée en entier par celui même au profit duquel est faite la disposition principale. Aussi la rétention n'a point le caractère de réciprocité qui est essentiel à l'accroissement : car il ne peut être question d'aucune augmentation de la disposition secondaire, quand la principale est caduque; tandis que la disposition secondaire, si elle ne peut sortir à effet, demeure confondue dans la principale. *Statutum fuerat ut ea omnia bona manerent apud eos à quibus fuerant derelicta* (1).

(1) Cod. *de Cad. toll.* § 3.

On peut dire que la rétention, loin d'avoir une nature commune avec l'accroissement, n'est autre chose que l'extinction d'une obligation par la défaillance de celui au profit duquel elle était imposée.

L'accroissement peut offrir aussi quelque analogie avec la substitution, principalement dans la seconde espèce que nous avons distinguée, puisque, comme nous l'avons dit, cette dernière ne serait qu'une substitution légale et réciproque; mais en général il existe entre l'accroissement et la substitution une différence fondamentale, en ce que la substitution est une disposition secondaire et formelle, tandis que le droit d'accroissement existe de plein droit et tacitement par suite de la manière dont sont unis les co-héritiers ou co-légataires.

IV.

Il paraît certain que la loi des Douze-Tables ne contenait aucune disposition sur le droit d'accroissement, et que ce droit fut postérieurement introduit dans la jurisprudence romaine par l'interprétation des prudens; mais ce ne fut alors que l'accroissement de la première espèce, celui qui permet de recueillir la totalité de la chose à laquelle on est appelé solidairement avec un autre; quant à celui qui fait obtenir une portion à laquelle on n'est point personnellement appelé, il n'existait point dans l'ancien droit.

La raison pour laquelle il dut en être ainsi est sensible : quand deux personnes sont appelées chacune à la totalité d'une même chose, chacune l'obtiendrait toute si ce n'était l'obstacle que lui opposent les droits de l'autre; cet obstacle levé par la défaillance de celle-ci, la première est dans la même position que s'il n'avait jamais existé, et doit obtenir la totalité. C'est là une nécessité de droit, une conséquence irrécusable du fait même de la vocation de plusieurs à une même chose, chacun pour le tout. Ce droit n'avait donc pas besoin d'être exprimé par la loi, il s'y trouvait nécessairement renfermé d'une manière implicite. Mais dans l'autre espèce, au contraire, chacun étant appelé pour sa part n'a aucun droit à la portion d'autrui, et il a besoin, pour obtenir cette portion, que la loi institue en sa faveur un titre qui lui manque.

Les jurisconsultes romains fondèrent ainsi l'accroissement sur l'appel solidaire, et de cette base ils déduisirent un système complet de la matière avec la rigueur de logique qui leur était ordinaire : mais bientôt de nouvelles lois vinrent jeter la confusion dans leur ouvrage.

V.

Lorsqu'après les guerres civiles Auguste s'empara du souverain pouvoir, il trouva la république appauvrie d'hommes et d'argent. Les mœurs étaient corrompues, et la licence des camps dominait jusqu'au sein des cités: ces maux étaient la suite des dissensions civiles, et celui qui avait conquis la paix devait, pour la maintenir, cicatriser les plaies que la guerre avait faites. Le moyen le plus important qu'il employa fut d'encourager les mariages et la procréation des enfans, et ce fut dans ce but qu'il fit rendre la loi *Papia Poppæa*. Cette loi, que l'on a cru long-temps à tort une loi de confiscation, établit des peines contre les célibataires et les mariés sans enfans, et des priviléges pour les citoyens ayant des enfans issus d'un légitime mariage. Ces deux parties de la loi furent si intimement unies, que ce fut toujours aux dépens des uns que les autres furent gratifiés. Le célibat devint une cause d'incapacité de recevoir, et la paternité un titre à recueillir les dispositions dont étaient privés les célibataires. Jusque-là ce n'était point toucher au droit d'accroissement; mais la loi *Papia*, non contente d'attribuer aux *pères* les portions des célibataires, que l'on nomma *caduques*, leur attribua également, sous le nom de *quasi-caduques*, la plupart de celles qui manquaient leur effet par une autre cause que l'incapacité du célibat, et qui jusqu'alors pouvaient donner ouverture au droit d'accroissement.

Le droit d'accroissement fut par là réduit à un petit nombre de cas, et à côté de lui s'éleva un droit nouveau, admis dans des circonstances identiques ou du moins analogues, mais reposant sur une base tout opposée et régi par des principes tout différens, le droit des *pères* de recueillir les caduques et les quasi-caduques. Ce droit, en effet, loin de reposer sur un appel solidaire, dérivait d'une disposition formelle et tout arbitraire de la loi, et celui qui l'obtenait remplaçait l'incapable et exerçait ses droits comme ce dernier les eût exercés lui-même.

VI.

Le droit de recueillir les caduques fut supprimé par une constitution de Caraccalla, qui, jugeant désormais inutile de les faire servir à gratifier les *pères*, les adjugea au fisc. Les peines du célibat furent ensuite supprimées à leur tour par Constantin, probablement comme peu compatibles avec les doctrines de la nouvelle religion de l'état.

Par ces deux constitutions la loi *Papia* se trouva abrogée. Elle était une législation morte au temps de Justinien; cependant elle eut des effets qui lui survécurent, et son influence fut immense sur la législation qui la suivit.

Elle avait presque entièrement remplacé le droit d'accroissement par le droit des *pères* sur les caduques; et lorsque ce dernier droit fut remplacé à son tour par la confiscation, les dispositions qui du droit d'accroissement avaient passé au droit des caduques, durent passer du droit des caduques à la confiscation.

Justinien, lorsqu'il voulut reconstituer le droit d'accroissement, se trouva donc entre le système de l'ancien droit qui était presque entièrement inusité depuis la loi *Papia*, et le système de cette loi qui avait été abrogée à son tour, et qui, d'ailleurs, n'avait point trait à la même matière, mais à une matière analogue. C'étaient deux législations mortes dont il avait à fouiller les monumens, et ces monumens étaient nombreux, car la loi *Papia* avait été commentée par sept des principaux jurisconsultes romains. Les compilateurs employés par Justinien ignoraient les vrais principes de ce droit de recueillir les caduques, droit oublié depuis que Caracalla l'avait aboli. Dans tous les textes des anciens jurisconsultes qui avaient trait à ce droit et qui passèrent sous leurs yeux, ils crurent voir des règles du droit d'accroissement : cette méprise est assez indiquée par l'insertion dans le Digeste de plusieurs de ces fragmens si singulièrement interprétés par Tribonien.

Cette confusion dut amener à considérer l'accroissement lui-même comme une sorte de substitution tacite et légale. La seconde espèce d'accroissement que nous avons indiquée, celle par laquelle on succède à son co-légataire et où l'on exerce les droits qu'il n'exerce point, naquit ainsi d'une fausse intelligence de la loi *Papia*, d'une transfusion des règles du droit des caduques dans la matière de l'accroissement.

Mais il fallait une base à cette nouvelle théorie, il fallait trouver une raison légale de substituer ainsi un héritier ou un légataire à un autre. Cette raison fut facile à trouver : elle existait déjà dans la législation. Depuis la décadence de la jurisprudence, et surtout depuis la translation du siége de l'empire à Constantinople, les anciennes règles si rigoureuses sur les formules des institutions et des legs avaient insensiblement disparu, et l'on en était venu à ne plus considérer pour rien la conception des mots dans le testament, et à rechercher seulement par des indices quelconques l'intention présumée du testateur. Cela conduisit à dire que l'accroissement devait avoir lieu toutes les fois qu'il était à présumer que le testateur aurait voulu, en cas de défaillance d'un légataire, qu'un autre obtînt sa portion. Au moyen de cette présomption, la loi, en admettant l'accroissement dans tels ou tels cas, ne faisait plus qu'interpréter la volonté du testateur et lui prêter la force de son autorité.

Ainsi se trouva consommée et mise en pratique sous Justinien la distinction de deux sortes d'accroissement : l'un fondé sur l'appel solidaire, l'autre sur l'intention présumée du testateur. Mais cette distinction fit naître de grandes difficultés d'application, et ce principe de l'interprétation de la volonté des défunts, nouvellement introduit dans la théorie du droit d'accroissement, y répandit une grande obscurité. Si l'on ajoute à ces élémens de confusion que l'appel solidaire, qui offrait plus de certitude, ne résulta plus de telle ou telle formule, mais qu'il fut lui-même soumis à la règle de l'intention présumée, on concevra sans peine que l'accroissement soit devenu depuis la législation de Justinien, la matière la plus subtile du droit.

VII.

Si nous passons maintenant à l'examen des théories admises par le droit français sur l'accroissement, nous trouvons qu'il n'est pas de partie du droit dans laquelle la jurisprudence française ait copié plus servilement le droit romain, et y ait puisé avec moins de discernement; il n'en est point peut-être aussi qui ait exercé plus activement, et l'on pourrait dire plus infructueusement la sagacité et l'érudition des interprètes. Une foule de jurisconsultes ont écrit des traités spéciaux sur le droit d'accroissement : on peut citer Govea, Duaren, Merille, Papillon ; ceux que l'on considère comme les princes de la jurisprudence, Cujas et Doneau, s'en sont occupés avec un soin particulier; parmi les autres plus récens on estime surtout Furgole et Ricard. Mais tous ces savans auteurs étaient tombés dans la même erreur que Justinien : ils prenaient pour principes de l'accroissement les règles qui nous sont restées du droit des caduques, et cette erreur était inévitable, puisque l'existence de ce droit de recueillir les caduques leur est demeurée inconnue à tous, et nous a été révélée tout-à-coup par la découverte de Gaius. M. Holtius a indiqué, dans *la Thémis,* tout le parti que l'on peut tirer de quelques phrases de ce manuscrit pour l'éclaircissement de notre matière; mais auparavant on était dans l'impossibilité de distinguer les règles du droit d'accroissement et celles du droit des caduques, et l'on ne trouvait dans le corps du droit romain qu'un dédale de dispositions incohérentes et souvent contradictoires.

Le droit romain, interprété avec l'incertitude inséparable d'un tel état de choses, fut, jusqu'à la confection du code, le droit commun en France sur cette matière importante, dont ne s'occupèrent point les ordonnances de Louis xv. On admettait généralement que la base du droit d'accroissement était l'intention présumée du testateur; mais c'était le sujet d'une discussion interminable que de savoir si l'accroissement avait lieu ou non quand le testateur avait fait une assignation de part.

Le code civil ne contient sur le droit d'accroissement que deux articles laconiquement rédigés et présentés (1) comme un résumé succinct et exact de la doctrine du droit romain, et comme devant faire disparaître les difficultés dont ce sujet avait été hérissé jusqu'alors. On crut lever toute difficulté en tranchant par la négative la question qui était le point le

(1) *Voy.* les observations des tribunaux et les exposés des motifs.

plus animé de la discussion; mais on en fit naître de plus graves encore, et nous pouvons nous étonner que nos législateurs modernes, après avoir annoncé l'intention formelle de reproduire la doctrine du droit romain, aient limité le droit d'accroissement et ne l'aient admis que sous une condition difficile à remplir, précisément dans le cas ou les plus puissantes raisons militent pour lui, dans le cas où il était admis le plus favorablement par Justinien, celui où plusieurs légataires sont appelés chacun séparément à la totalité de la même chose. M. Proudhon, qui a longuement traité cette matière, s'est efforcé de ramener à la logique le texte du code par une interprétation si ingénieuse qu'elle pourrait séduire, malgré la clarté malheureusement trop évidente des termes de la loi. Il est plus vrai de dire, avec M. Duranton, que la loi n'a aucun motif rationnel, mais qu'il faut lui obéir puisqu'elle a parlé.

VIII.

Dans cet aperçu de l'histoire du droit d'accroissement, on peut voir la cause de toute l'obscurité de cette matière et de toutes les aberrations des auteurs qui s'en sont occupés. C'est la confusion de dispositions appartenant à des législations qui différaient par leurs époques, par leurs motifs, par leurs bases fondamentales, et même par les matières qu'elles réglaient. Dès lors le seul moyen d'y ramener la clarté doit être de restituer à chacune de ces législations les décisions qui lui appartiennent, de rechercher comment elles se lient les unes aux autres, comment les principes divers ont pris leur origine et se sont ensuite mêlés et modifiés mutuellement. De cette manière, si nous ne pouvons toujours donner de chaque règle une raison plausible et logique, nous pourrons du moins expliquer comment il se fait qu'elle ait été établie, et en donner la cause historique.

Nous aurons à examiner le droit d'accroissement dans quatre périodes différentes :

1° L'ancien droit romain avant la loi *Papia Poppœa*;

2° Le droit de la loi *Papia;*

3° Le droit de Justinien;

4° Le droit français selon le code.

Nous ne consacrerons point une autre division à l'ancienne jurisprudence française, parce que, comme nous l'avons dit, elle était toute basée sur le droit de Justinien.

ESSAI

SUR LE

DROIT D'ACCROISSEMENT.

Première Partie.

DE L'ACCROISSEMENT, dans l'ancien droit romain.

Il était difficile que la doctrine de l'accroissement ne fût point un champ fertile de discussions pour les interprètes du droit romain, puisqu'ils étaient loin de s'accorder sur le principe fondamental dont toute cette théorie devait présenter les conséquences, sur la cause primitive dont le droit d'accroissement devait être l'effet.

Les uns voyaient la cause de l'accroissement dans une nécessité de droit qu'impliquerait la solidarité de vocation, et qu'elle seule pourrait impliquer : ils n'admettaient le droit d'accroissement que comme effet et conséquence forcée de l'appel solidaire. Les autres, au contraire, fondaient ce droit sur l'intention du testateur, et l'admettaient par conséquent toutes les fois que l'on pouvait présumer que la volonté du testateur avait été qu'il fût admis (1).

Il est à remarquer que pour construire un système d'accroissement sur la solidarité de vocation, on n'a besoin que de la logique toute pure, sans emprunter aucune règle à la législation positive. La solidarité reconnue en fait, le droit d'accroissement doit s'ensuivre, et se trouve compris dans l'idée même de solidarité. La solidarité consiste en ce que un droit unique appartient à la fois à plusieurs personnes et à chacune d'elles pour la totalité, *totum singulis*. Chacune de ces personnes peut donc, en vertu de la nature même de la solidarité, exercer pour la totalité le droit solidaire. Or, l'accroissement dans les legs, hérédités, etc.,

(1) On peut voir le résumé de cette controverse dans le tom. IV du *Trésor d'Otton*. — César Costa, *Variarum ambiguitatum Juris lib.* III.

n'étant que l'obtention par un seul d'un droit qui était déféré à plusieurs, est nécessairement une suite de la solidarité, puisque cette solidarité est précisément l'attribution de la totalité à chacun. Si de deux légataires appelés solidairement, l'un ne peut recueillir, ou ne le veut, l'autre n'en a pas moins un droit au tout, et doit recueillir par son propre droit la totalité, aussi bien la part qu'aurait pu obtenir son co-légataire, que celle qui lui serait échue à lui-même. Voilà l'accroissement tel qu'il résulte de la solidarité de vocation.

Mais, pour que l'on puisse étendre l'accroissement hors des cas de solidarité formelle, et le fonder sur l'intention présumée du testateur, il faut que la législation positive sous laquelle on raisonne comporte une telle base, c'est-à-dire permette d'interpréter les volontés des défunts, de leur accorder des effets sur de simples présomptions, et sans qu'elles soient formellement exprimées.

Or, telle n'était pas, de beaucoup s'en faut, l'ancienne législation romaine : trop sévèrement ordonnée pour admettre la recherche délicate de volontés non exprimées, elle soumettait à la rigueur de ses formules tous les actes de la vie civile, et n'accordait son appui qu'à des dispositions conçues dans le langage qu'elle avait prescrit.

Si ce caractère du vieux droit romain se retrouve dans toutes ses parties, c'est principalement dans la matière des testamens qu'on peut le remarquer. Là tout est soumis à la formule légale; les termes de l'institution d'héritier sont consacrés : *Hæredem esse jubeo, hæres esto;* et d'autres expressions synonymes sont rejetées : *hæredem instituo, hæredem facio* (1). Quatre formules sont proposées pour le legs, et ses effets sont bien différens selon que l'on adopte l'une ou l'autre. Le legs ne peut être enlevé que dans la même forme qu'il a été donné (2). L'intention du testateur devait être bien peu de chose pour des jurisconsultes qui accordaient une telle importance aux expressions; et une législation qui rejette la volonté exprimée, lorsqu'elle ne l'est point selon la forme prescrite, est bien loin de reconnaître une volonté qui n'est pas exprimée du tout et qui se laisse seulement entrevoir. Il nous paraît donc impossible que les jurisconsultes romains aient eu l'idée de fonder le droit d'accroissement sur la volonté présumée du testateur, et ils durent se contenter de l'introduire comme nécessité de droit, comme conséquence de la solidarité, dans

(1) Ulp., tit. 21.
(2) Ulp., tit. 24, § 29.

les cas où cette solidarité se rencontre formellement dans la vocation.

La solidarité de vocation fut donc leur point de départ dans la doctrine de l'accroissement. Ils en déduisirent avec une logique admirable la fixation de tous les cas où l'accroissement devait avoir lieu, la manière dont il devait obvenir à chacun et se répartir entre plusieurs ayans-droit, et enfin tous les effets qu'il devait produire. La solidarité nous paraîtra plus évidemment être la base de toute cette théorie, quand nous verrons, en examinant chaque cas en particulier, l'accroissement admis partout où elle se rencontre, et rejeté partout où elle n'est pas; quand nous verrons aussi que toutes les règles de la matière s'expliquent par la solidarité et ne peuvent s'expliquer que par elle.

Avant d'entrer dans la doctrine même de l'accroissement dont nous venons d'indiquer la base fondamentale, nous avons besoin de rappeler quelques notions succinctes sur un sujet qui la lie aux autres matières du droit et la précède toujours immédiatement dans l'enseignement : c'est *la défaillance*. Pour qu'il puisse y avoir lieu à exercer le droit d'accroissement, il faut qu'il y ait un défaillant dont les droits puissent accroître à d'autres.

Nous nous occuperons donc, dans un premier chapitre, de la défaillance. Nous comprenons sous cette dénomination tous les cas dans lesquels un héritier ou un légataire ne recueille point ses droits, soit qu'il ne le veuille, soit qu'il ne le puisse.

Dans le second, nous examinerons l'accroissement qui a lieu dans des droits universels.

Dans le troisième, l'accroissement dans les legs.

Dans le quatrième, nous rechercherons à qui appartient l'accroissement quand plusieurs y prétendent, et comment se répartit la portion vacante quand elle doit accroître à plusieurs.

Enfin, dans le cinquième, nous traiterons de la manière dont s'opère l'accroissement, et de ses effets.

CHAPITRE PREMIER.

DE LA DÉFAILLANCE.

Si l'on restreint à son sens précis le mot de défaillance, on n'y comprendra point l'indignité d'un héritier légitime ou institué, ou d'un légataire. Défaillir, *deficere*, c'est, à proprement parler, manquer à l'appel de la loi ou d'un testament, et ne point venir réclamer les droits qu'on a reçus de l'une ou de l'autre. L'indigne, au lieu d'être dans cette position, recueille sans obstacle ce qui lui est attribué, mais en est privé ensuite par punition de sa faute; ses droits lui ont été acquis, et lui sont enlevés, *eripiuntur*. C'est là ce qui empêche l'accroissement de la portion de l'indigne; car sitôt qu'une part lui a été acquise personnellement, il est devenu impossible à son co-appelé solidaire de réclamer la totalité. Personne ne se trouvant avoir droit aux biens que la loi a enlevés à l'indigne, ils sont dévolus au fisc. Il est à remarquer cependant quelques cas rares et spéciaux où la disposition dont l'indigne est déchu est attribuée à certaines personnes ; mais c'est en réparation du dommage que ces personnes souffrent du fait qui est le motif de l'indignité (1) : jamais l'indignité ne peut donner lieu à l'accroissement.

La défaillance proprement dite est volontaire ou forcée ; volontaire, c'est la répudiation : forcée, elle résulte d'une incapacité ou de la mort de l'appelé avant qu'il ait acquis ses droits.

La répudiation doit être expresse et ne se présume point, si ce n'est dans certains cas particuliers où une disposition formelle exige une acceptation ou la formation d'une demande dans un délai déterminé : la répudiation résulte alors du silence gardé pendant ce délai. C'est ce qui a lieu quand l'héritier est institué *cum cretione*. Il a un délai pour accepter, et est censé avoir répudié quand il le laisse écouler sans faire adition. *Cretio est certorum dierum spatium quod datur instituto hæredi ad deliberandum . . . . . non aliter excluditur quàm si intrà diem cretionis non creverit* (2). De même dans la possession de biens (3) et dans la plainte d'inofficiosité (4), un délai est fixé

(1) L. 5, § 2., Dig. *de his quæ ut indignis.*

(2) Ulp., tit. 22.

(3) L. 4, *de bon. Possess.*

(4) L. 23, § 2, *de inoff. Test.*

par le préteur, passé lequel on ne peut plus agir. La renonciation formelle et la déchéance par l'expiration d'un délai fixé donnent également ouverture au droit d'accroissement, s'il y a lieu.

La défaillance d'un héritier ou légataire peut donner lieu au droit d'accroissement, jusqu'au moment où sa part lui est acquise. De cet instant le droit de solidarité de ses associés a disparu, l'unité est dissoute sitôt qu'une partie isolée appartient à l'un des ayans-droit en particulier. C'est au point où finit le droit d'accroissement, que commence le droit de transmission aux héritiers. Quand un héritier ou un légataire a acquis sa part, elle cesse en même temps de pouvoir obvenir par accroissement à ses associés, et commence à pouvoir être transmise par lui à ses héritiers. On peut donc dire d'une manière générale que jusqu'au temps de l'acquisition de l'hérédité ou du legs, il y a chance d'accroissement, et que cette chance se peut réaliser par le décès de l'appelé ou par la survenance d'une incapacité en sa personne.

Or, il est constant que l'hérédité, soit légitime, soit testamentaire, n'est acquise au successible ou à l'institué que par l'adition : *hæreditas non adita non transmittitur*. Ce sera donc jusqu'à l'adition qu'on pourra espérer l'accroissement. Mais il est à observer que dans l'hérédité légitime il ne se peut réaliser que par un événement qui arrive depuis la mort du défunt et empêche l'adition; car la loi n'appelle à succéder que les parens existans et capables à l'époque du décès; tandis que, dans l'hérédité testamentaire, l'événement qui donne ouverture à l'accroissement se peut référer à trois époques différentes : l'institué peut être déjà décédé ou incapable au jour de la confection du testament; il peut le devenir depuis, mais avant la mort du testateur; il peut, enfin, être en état de succéder au moment du décès, mais cesser de le pouvoir avant d'avoir accepté.

Quant aux legs, il faut distinguer ceux faits *per vindicationem*, de ceux faits *per damnationem*. Les premiers confèrent de plein droit la propriété au légataire, qui les acquiert sans avoir besoin d'intenter une action : *Post aditam hæreditatem statìm ex jure quiritium res legatarii fit*. Les seconds, ne donnant qu'une action personnelle contre l'héritier, ne sont acquis que lorsque cette action est intentée : *Quod ità legatum est, post aditam hæreditatem, non continuò legatario acquiritur, sed nihilominùs hæredis est* (1). Il paraît, d'après ces textes de Gaius, que les deux espèces de

(1) Gaius, Com. II. 194 et 204.

legs ont cela de commun, qu'aucun ne peut être acquis avant que l'hérédité ait été acceptée; et cela est tout naturel, puisque le testament ne peut valoir, et les legs qu'il contient ne peuvent sortir à effet, qu'autant que l'héritier institué accepte (1). Il est vrai qu'il n'en fut point toujours ainsi, et que bientôt on sentit l'injustice qu'il y avait à faire porter aux légataires la peine des lenteurs de l'institué; l'on considéra les legs *per vindicationem* comme acquis dès le jour du décès, et ceux *per damnationem* du jour de l'acceptation ou agnition, qui put se faire sans doute sans attendre l'adition de l'héritier. *Hæredis aditio*, dit Ulpien, *moram legati quidem petitioni facit, cessioni diei non facit* (2); mais il n'en est pas moins certain que, d'après l'ancien droit, aucun legs ne peut être acquis avant l'adition de l'héritier, que le legs *per vindicationem* est acquis dès cet instant, et que celui *per damnationem* ne l'est point aussitôt, mais seulement après que l'action a été intentée.

Il faut ranger à part les legs conditionnels qui ne peuvent être acquis avant l'événement de la condition.

---

(1) Ulp., tit. 23-4.
(2) L. 7, Pr. *Quandò dies leg.* v, *Paul. sent.* lib. 3-6, § 3 et 7.

En résumé, l'incapacité de celui qui est appelé à recueillir un droit, son décès avant qu'il le recueille, sa répudiation et sa déchéance par le silence gardé pendant un délai fatal, telles sont les circonstances qui peuvent donner ouverture à l'accroissement, si toutefois le droit à recueillir comporte l'accroissement, et s'il se trouve un autre ayant-droit uni au défaillant de la manière exigée pour que l'accroissement soit admis entre eux.

Toutefois, il ne peut y avoir lieu à l'accroissement lorsque le défaillant a un substitué; car alors, quoique l'appelé principal manque, la disposition n'est point vacante, *destituée*, puisqu'il existe un second ayant-droit; elle sort à effet au profit de celui-ci, comme elle eût été exécutée au profit du premier. C'est ce qui fait dire aux auteurs que la substitution passe avant l'accroissement. Mais cela s'entend de la substitution à un seul des appelés personnellement, et non de celle qui peut être faite à tous conjointement; car, dans cette dernière hypothèse, si les appelés principaux sont dans une position où il y ait droit d'accroissement entre eux, le substitué n'est appelé que pour le cas où tous viendraient à manquer, et s'ils ne manquaient point tous, la part des défaillans accroîtrait aux autres et ne serait point dévolue au substitué.

CHAPITRE DEUXIÈME.

DE L'ACCROISSEMENT DANS DES DROITS UNIVERSELS.

I. — *Hérédité légitime.*

C'est dans l'hérédité légitime que se trouve l'origine historique du droit d'accroissement ; c'est dans cette doctrine qu'on le voit prendre naissance par l'interprétation des prudens, pour de là se répandre bientôt dans d'autres matières du droit. Il est évidemment dans l'hérédité légitime une conséquence de la solidarité. Ulpien nous a conservé le texte duquel on l'a déduit; il est de la loi des Douze-Tables : *Si intestato moritur cui suus hæres nec sit, adgnatus proximus familiam habeto* (1). Cette disposition, conçue au singulier, ne s'applique pas moins cependant au cas où il y a plusieurs agnats du degré le plus proche. Chacun d'eux alors peut se dire *agnatus proximus*, puisque nul n'est plus proche que lui, et c'est ainsi à chacun également, et à chacun intégralement, que s'adresse la vocation de la loi, *familiam ha-*

(1) Ulp. *Fr.*, tit. 26.

beto. Chacun peut se prévaloir de cet appel pour réclamer toute la succession; c'est bien là une véritable solidarité.

Et dès lors, de cette solidarité découlent deux conséquences nécessaires. 1° Le partage par égales parts, si tous viennent exercer leurs droits, parce qu'ils ont tous des droits égaux : *Adgnatorum hæreditates dividuntur in capita* (1). 2° L'accroissement, si un ou plusieurs sont défaillans, parce que les autres ont des droits à la totalité qui, n'étant point réduits par le concours de ceux-ci, s'exercent avec d'autant plus d'étendue : *Si plures eodem gradu sint agnati, et quidam eorum hæreditatem ad se pertinere noluerint, vel antequàm adierint, decesserint, eorum pars adcrescit his qui adierunt* (2). Cet accroissement ne consiste qu'en ce que le partage de la succession s'opère entre ceux qui ont accepté sans tenir compte des défaillans; les parts sont plus fortes, sont augmentées, parce que le nombre des partageans se trouve diminué. Mais, d'ailleurs, ce n'est, pour ceux qui profitent de l'accroissement, que la dispense de la réduction qu'eussent subie leurs droits si les défaillans étaient venus à partage.

---

(1) Ulp. *Fr.*, tit. 26.
(2) *Ibid.*

II. — *Possession des biens.*

Le préteur en établissant une autre sorte de succession, la possession des biens, y admet l'accroissement tel qu'il existe dans l'hérédité légitime; il appelle successivement diverses classes de personnes à la possession des biens. A l'égard des individus qui composent chaque classe appelée, l'édit du préteur s'interprète comme la loi des Douze-Tables entre les agnats du même degré : partage en cas de concours, accroissement en cas de défaillance. *Ei qui admisit adcrescent etiam hæ portiones quæ cæteris competerent si petissent bonorum possessionem* (1).

Mais il faut bien observer que l'accroissement ne peut jamais avoir lieu qu'entre personnes appelées au même titre et appartenant au même ordre. Dans les cas rares où se trouvent en concours des personnes appelées à des titres différens, il n'y a point lieu au droit d'accroissement entre elles, parce que chacune n'a qu'un titre partiel qui ne saurait lui conférer un droit à la portion de l'autre. Paul en présente un exemple remarquable : la possession de biens *contrà tabulas* est promise au patron pour une certaine par-

(1) L. 5, *de bon. possess.*

tie, et l'autre partie est promise à l'institué à titre de possession de biens *secundùm tabulas*. Il n'y a pas entre eux d'accroissement, et cependant, si l'institué renonce, le patron obtiendra sa part, mais ce sera en vertu d'un autre droit que l'accroissement, par une nouvelle et différente possession de biens, qui exigera une nouvelle acceptation. *Sed cùm patrono quidem contrà tabulas certæ partis bonorum possessionem prætor polliceatur; scripto autem hæredi, secundùm tabulas alterius partis : convenit non esse jus accrescendi; igitur non petente scripto secundùm tabulas, alterius quoque partis nominatìm patrono possessionem pollicetur* (1). On voit que si la part de l'héritier est déférée au patron, c'est en vertu d'un véritable droit de dévolution à un degré subséquent.

III. — *Querelle d'inofficiosité.*

L'accroissement se rencontre aussi dans la plainte d'inofficiosité; mais il faut distinguer entre les différentes actions qui naissent de l'inofficiosité d'un testament.

La *querela inofficiosi* appartient à l'enfant qui a été injustement exhérédé et qui ne reçoit point, à un titre quelconque, le quart de la portion qu'il

(1) L. 6, Dig. *de bon. poss.*

aurait eue *ab intestat*. Celui à qui le père a laissé moins de ce quart, mais en ordonnant à l'héritier de le parfaire, n'a point la plainte d'inofficiosité, mais seulement une action personnelle contre l'héritier jusqu'à concurrence de ce qui lui manque pour compléter son quart. Ces deux actions sont bien différentes dans leurs résultats, puisque la dernière ne tend qu'à faire payer une somme d'argent à l'exhérédé par l'héritier, tandis que la plainte d'inofficiosité détruit le testament et met les choses au même état que si le père de famille était mort intestat : *Intestatum patrem familias facit* (1).

Il y a donc trois positions différentes pour l'enfant exhérédé : ou il n'a rien à réclamer parce qu'il lui a été laissé le quart de sa portion légitime, ou il a une action en complément de ce quart, ou enfin il a la plainte d'inofficiosité; et s'il y a plusieurs enfans exhérédés, chacun peut se trouver dans une position différente. Il n'y a point alors d'accroissement entre eux, car des actions de nature différente ne peuvent se confondre en une seule. Et en effet, c'est relativement à chaque exhérédé en particulier que l'on considère s'il a le quart de la portion qu'il aurait

(1) L. 6, § 1, *de inoff. test.*

eue *ab intestat.* — *Quartæ portionis portio*, dit Paul (1). Si donc l'un a reçu son quart, ou se contente de ce qui lui a été laissé, l'autre peut agir par la plainte d'inofficiosité, mais seulement pour sa part. C'est la décision précise de la loi 8, tit. VIII, *de inoff. test. : Quoniam autem quarta debitæ portionis sufficit ad excludendam querelam, videndum erit an exhæredatus partem faciat qui non queritur; ut putà, sumus duo filii exhæredati : et utique faciet, ut papinianus respondit, et si dicam inofficiosum non totam hæreditatem debeo sed dimidiam petere.*

Si plusieurs exhérédés se trouvent avoir à exercer la plainte d'inofficiosité, cette action anéantit le testament : on retombe dans les règles de la succession *ab intestat;* et dès lors il y a lieu à accroissement, parce que l'accroissement est admis dans les successions *ab intestat.* Le jurisconsulte Paul en donne un exemple : *Si duo sint filii exhæredati et ambo de inofficioso testamento egerunt, et unus posteà constituit non agere, pars ejus alteri accrescit, idemque erit et si tempore exclusus sit* (2). Le motif de cette décision est que l'abandon de l'action intentée ou la déchéance équivalent à la

(1) *Sent.*, lib. IV, tit. 5, § 6.

(2) L. 23, *de inoff. test.*

répudiation de l'hérédité légitime que l'on aurait obtenue par cette action; et il est à remarquer qu'il n'y a nulle contradiction entre cette loi et celle que nous avons citée ci-dessus; elles statuent sur des cas différens.

Si plusieurs exhérédés ont à exercer une action en supplément, il n'y a point entre eux d'accroissement; cela résulte de ce que c'est là une action personnelle contre l'héritier, qui doit naturellement se diviser de plein droit; chaque exhérédé a ses droits séparés et indépendans; la loi donne à chacun le quart de sa part légitime, et non à tous conjointement le quart de l'hérédité. Duaren a senti cette différence : il admet l'accroissement dans la plainte d'inofficiosité, mais non dans l'action en supplément de légitime (1).

Ceci nous donne occasion de dire un mot, en passant, d'une espèce toute particulière d'accroissement qui n'a de commun que le nom avec celui dont nous nous occupons. Les enfans passés sous silence, *præteriti*, n'ont point comme les exhérédés la plainte d'inofficiosité, mais la jurisprudence leur donne d'autres ressources : s'ils sont mâles, siens et au premier degré, leur prétérition annule de droit le testament; s'ils ne

(1) *De jure accrescendi*, lib. 1, cap. 14.

sont point de cette classe, si, par exemple, ce sont des filles, le testament demeure valable, mais ils obtiennent un droit appelé *droit d'accroissement.* Ce droit consiste à être compté au nombre des héritiers institués; c'est l'adjonction d'un héritier aux autres héritiers, comme l'accroissement ordinaire est la réunion d'une part aux autres parts. Le résultat est donc directement inverse, puisqu'au lieu d'une part vacante on trouve un ayant-droit sans part. La fille passée sous silence *accroît aux héritiers;* elle en augmente le nombre et par conséquent diminue les portions : *Si quis tres verbi gratiâ filios instituerit et filiam præterierit, filia adcrescendo pro quartâ parte fit hæres.* On peut recourir pour cette matière, qui est étrangère à notre sujet, aux Institutes de Gaius, c. II, § 124 *et suiv.*

IV. — *Institution d'héritier.*

Passons maintenant à ce qui concerne l'hérédité testamentaire. L'autorité souveraine qu'obtenait à Rome la loi dictée par le père de famille sur sa chose, la forme solennelle des testamens, la haute importance attachée au titre d'héritier et l'indivisibilité des devoirs religieux qu'il imposait, avaient fait considérer comme inconciliables, comme s'excluant nécessairement, les deux modes de succession légitime et testamentaire. L'un était une loi spéciale, et l'exception qu'elle établissait devait être complète.

La formule de la mancipation adaptée aux testamens et appelée *emptio familiæ* (1) comprenait la généralité des biens. Le culte domestique, *sacra privata*, dont la conservation était un si grand objet de sollicitude, ne pouvait être divisé entre des héritiers légitimes et des héritiers testamentaires. Toutes ces raisons avaient tellement enraciné dans les mœurs des Romains cette idée que tout testament exclut en entier la succession légitime, qu'ils semblaient ne pouvoir concevoir qu'il en fût autrement, et attribuaient à la nature des choses ce qui était une particularité de leur droit. *Earumque rerum naturaliter inter se pugna est, testatus et intestatus* (2).

Ainsi s'établit la règle *Nemo pro parte testatus, pro parte intestatus, decedere potest*; et son effet nécessaire fut de faire considérer comme héritier pour la totalité celui qui avait été institué pour une partie quelconque ou pour un objet spécial.

---

(1) Gaius, comm. II, § 104.

(2) L. 7, *de reg. Juris.* — *Voy.* la dissertation de M. Haubold, *de causis cur idem testato et intestato decedere non possit.* — *Opusc. acad.*, tom. I, pag. 315.

Si unum quis ex semisse instituerit, totus as in semisse erit (1).

La seule institution, même partielle, est donc un titre suffisant pour recueillir la totalité de la succession. Par suite, s'il y a plusieurs institués, qu'ils le soient conjointement ou séparément, avec ou sans assignation de parts, il est constant que chacun d'eux aurait droit à la totalité s'il n'avait à partager avec l'autre; et dès que l'un vient à manquer, l'institution de l'autre, se trouvant seule par cet événement, produit l'effet qu'elle aurait obtenu si elle l'eût toujours été, c'est-à-dire qu'elle lui fait acquérir la totalité. Tel est l'accroissement dans l'hérédité testamentaire, telle est son origine et sa déduction de la règle *Nemo testatus et intestatus*. Ici encore nous voyons que celui qui profite de l'accroissement l'obtient *jure proprio*, par la force de son titre personnel et non comme représentant le défaillant. Le fondement de cet accroissement est dans la règle que l'institué unique pour une partie a droit au tout. Observons bien qu'il résulte de là qu'aucune conjonction n'est nécessaire entre les divers institués pour qu'il y ait lieu à accroissement entre eux. Nous allons voir qu'il en est autrement dans les legs.

(1) *Just. Instit.* inst. § 5. — Dig. L. 184, *de hæred. instit.*

Dans le testament militaire l'accroissement n'a pas lieu, parce que là cesse la règle *Nemo testatus et intestatus*. Le militaire peut tester pour une partie, *miles et pro parte testari potest;* et dès lors, s'il a institué plusieurs héritiers, la part du défaillant appartient à l'héritier légitime. Après avoir posé cette règle, le jurisconsulte fait une exception, *nisi.....* On croirait qu'il va parler du cas où il y a conjonction entre les institués; point du tout, ce n'est nullement la conjonction qui est à considérer dans le testament militaire, c'est la volonté du testateur, c'est cette volonté qu'il faut scruter: *Nisi hæc voluntas defuncti probata fuerit, ut omittente altero ad alterum vellet totam redire hæreditatem.* Avec une telle règle on sent qu'il est impossible de discuter en droit quels sont les cas où il y a accroissement entre les héritiers institués dans un testament militaire; la question ne peut être qu'en fait (1).

Remarquons, en passant, que ce cas du testament militaire est le seul où le droit d'accroissement prenne naissance dans la volonté présumée du testateur.

(1) L. 37, *de testamento militis.*

CHAPITRE TROISIÈME.

DE L'ACCROISSEMENT DANS LES LEGS.

Examinons maintenant l'accroissement en matière de legs. C'est l'accroissement entre légataires qui a le plus exercé les jurisconsultes, c'est en cette matière principalement qu'ils l'ont approfondi, et ce sujet est un de ceux du droit romain sur lesquels il a été le plus écrit et le plus disputé. Nous avons à rechercher des vérités enfouies parmi une foule d'erreurs.

I. — *De la conjonction.*

Il tombe sous les sens, et ceci n'a pas besoin de démonstration, que l'accroissement ne peut avoir lieu entre légataires qu'autant qu'il existe entre eux une certaine relation, un lien qui rattache un legs à l'autre, et les réunit dans la même main lorsqu'un des légataires manque. Cela a été reconnu de tout temps, et il n'est venu à l'idée de personne de soutenir l'accroissement entre deux legs qui n'ont rien de commun si ce n'est d'émaner d'émaner du même testament. Mais les discussions ont commencé quand il s'est agi de déterminer en quoi consiste ce *lien* qui fait admettre l'accroissement entre légataires. Nous avons déjà dit qu'il consiste dans l'appel solidaire de plusieurs au même legs. Avant de discuter les opinions différentes, il faut exposer quels sont les divers modes selon lesquels les légataires peuvent être unis.

Deux légataires ou plusieurs ne peuvent avoir de lien entre eux que par l'identité de la chose qui leur est léguée. S'ils sont réunis dans la même disposition, et que cependant il leur soit légué des choses différentes, cette circonstance, ce rapprochement ne saurait produire aucun effet ; il y a deux legs distincts, et peu importe que ces deux dispositions soient exprimées par des phrases différentes ou par la même phrase. Ainsi nulle relation entre deux légataires à chacun desquels le testateur laisse par la même disposition un esclave différent : *Quibus ità legatum fuerit Titio et Mævio singulos servos do lego, constat eos non concursuros in eumdem servum : sicut non concurrunt cùm ità legatur Titio servum do lego, Mævio alterum servum do lego* (1). Mais une seule et même chose peut être léguée à plusieurs de deux manières dif-

(1) L. 84, § 12 *de legatis* 1. — Duaren, lib. 1, cap. 9.

férentes : par une seule disposition ou par deux dispositions séparées, *conjunctìm vel disjunctìm*, comme disent Ulpien (1) et Gaius (2). Ce dernier donne des exemples qui font parfaitement connaître ces sortes de legs : *Conjunctìm autem ità legatur : Titio et Seio hominem stichum do lego; disjunctìm ità : Lucio Titio hominem stichum do lego; Seio eumdem hominem do lego.* On voit que dans les deux cas les légataires sont également réunis quant au legs en lui-même, et que les termes distinctifs de *conjunctìm* et *disjunctìm* ne se rapportent qu'à la forme. On ne connaissait pas, dans l'ancien droit, d'autre espèce de lien, et sitôt qu'il y avait assignation de parts, on considérait les légataires comme entièrement séparés. Léguer des parties de la même chose à plusieurs individus, c'était leur léguer à chacun des choses différentes, et leur réunion dans la même disposition n'était point considérée comme une conjonction, mais comme une manière de s'exprimer plus rapide et qui ne changeait rien au fond des choses. GAIUS ET MÆVIUS ÆQUIS EX PARTIBUS HÆREDES SUNTO : *quamvis* ET *syllaba conjunctionem faciat, non tàm conjunxisse quàm celeriùs dixisse videatur* (3).

(1) *Frag.*, tit. 24, § 12.
(2) *Instit.* comm. II, § 199.
(3) L. 66, *de hæred. instituendis.*

Ce n'est que plus tard qu'une division tripartite entre les diverses sortes de *conjuncti* a été mise au jour, et nous démontrerons qu'elle doit son origine à la loi *Papia Poppœa*. Paul l'a exprimée le premier dans loi 89, *de legatis* 3°, et les commentateurs l'ont saisie avec la faveur qu'ils ont toujours puérilement accordée aux divisions tripartites (1). Ce système consiste à considérer la conjonction, et dans le fond et dans la forme, de sorte que l'on nomme *conjuncti re* ceux que Gaius et Ulpien nomment *disjuncti; conjuncti re et verbis*, ceux qu'ils appellent purement et simplement *conjuncti;* enfin, *conjuncti verbis tantùm,* ceux entre lesquels existe seulement cette trompeuse apparence de conjonction que la loi 66 ci-dessus citée désigne par ces expressions : *non tàm conjunxisse quàm celeriùs dixisse videatur.*

II. — *Des différentes espèces de legs.*

Chacune de ces espèces de conjonction peut se rencontrer dans chaque sorte de legs, et elle ne produit pas dans chacune les mêmes effets.

On distingue quatre sortes de legs, *per vindicationem*, *per damnationem*, *sinendi modo*, *per*

---

(1) M. Ducaurroy, *Thémis*, tom. VI, pag. 326.

præceptionem (1). Mais relativement au droit d'accroissement on peut les réduire à deux, le legs *per præceptionem* se référant à celui *per vindicationem*, et celui *sinendi modo* à celui *per damnationem*. La seule chose, en effet, dans ces différentes espèces de legs qui ait une influence sur l'accroissement, c'est la nature de l'action qui résulte du legs. Or, le legs *per vindicationem* et celui *per præceptionem* ont cela de commun que de l'un et de l'autre naît une action réelle, *vindicatio*, parce qu'ils transfèrent de plein droit la propriété au légataire, tandis que les deux autres ne donnent qu'une action personnelle contre l'héritier. M. Holtius a bien caractérisé ces diverses sortes de legs en traduisant ces termes de legs *per vindicationem*, *per damnationem*, par ceux de *legs de propriété*, *legs d'obligation*.

Or, c'est une des différences les plus remarquables entre la propriété et l'obligation, ou, pour mieux dire, l'action qui en résulte, que l'action porte en elle-même un caractère essentiel de divisibilité que l'on est loin de retrouver dans le droit de propriété. Toute action se divise de plein droit sitôt qu'elle appartient à plusieurs personnes. La propriété, au contraire, et les autres droits

(1) Gaius, comm. II, § 192.

réels demeurent indivis jusqu'à un acte de partage. Les droits personnels, en un mot, sont naturellement insusceptibles de communauté; c'est pour cela qu'ils ne sont point compris dans l'action en partage : *In hoc judicium nomina non veniunt* (1). Dans une hérédité, les droits réels sont seuls à partager, les droits personnels sont divisés de plein droit.

Ces principes sont profondément gravés dans le droit romain, et ils y sont féconds en conséquences; il en est demeuré des traces dans notre droit.

Et il ne faut point croire que ce soient des principes arbitraires, auxquels on puisse appliquer ce qui a été dit de beaucoup d'autres : *Non omnium quæ à majoribus constituta sunt ratio reddi potest.* La raison s'en trouve dans la nature même des droits réels et personnels. Le droit réel a pour objet immédiat une chose; le droit personnel s'adresse à un individu, et s'il a également une chose pour objet, ce ne peut être que médiatement et par la contrainte qu'il impose à cet individu de la livrer. De là il résulte qu'on ne peut concevoir de division d'un droit réel, d'un droit de propriété, par exemple, que par la division de la chose qui

(1) L. 2, § 5, et L. 4 prin. Dig. *familiæ erciscundæ.*

en est l'objet, par une assignation des parts, par le cantonnement du droit de chacun des co-propriétaires sur une portion; tandis, au contraire, que pour la division du droit personnel il n'est nullement besoin d'une asssignation de parts sur la chose qui en est l'objet médiat et éloigné; il suffit que l'obligation personnelle qui est l'objet immédiat soit divisée, que le débiteur ne puisse être forcé par chacun qu'à lui délivrer une partie de la chose. Or, cette obligation est divisée de plein droit sitôt qu'il y a plusieurs créanciers; rien n'est si divisible que l'action personnelle et l'obligation qui y correspond; rien de si simple que de demander et de devoir payer la moitié de ce qu'on aurait demandé par l'action entière, la moitié de ce qu'on aurait dû par l'obligation pour le tout. En un mot, de ce que la chose est l'objet immédiat du droit réel, et médiat seulement du droit personnel, il s'ensuit qu'elle ne se divise entre les co-propriétaires que par une assignation de parts faite entre eux et se divise entre les co-créanciers par cela seul que le débiteur ne peut être forcé par chacun d'eux qu'à un paiement partiel. Ainsi, la solidarité est de droit commun entre co-propriétaires, et ne cesse que par l'assignation de parts, et elle est de droit exceptionnel entre co-créanciers, entre lesquels elle ne peut exister qu'autant que le débiteur est soumis à payer la totalité au premier réclamant. Rendons ceci sensible par un exemple. Le droit réel de propriété sur une chose, et le droit personnel qui tend à se faire livrer cette même chose, ont en définitive le même objet, mais l'un immédiatement, l'autre médiatement. Cependant, si le droit de propriété appartient à deux personnes, il faudra une assignation de parts pour que chacun puisse exercer son droit indépendamment de l'autre; tandis que si l'action tendant à se la faire livrer obvient à deux co-héritiers, chacun d'eux aura, sans avoir besoin de faire de partage, le droit d'en demander au débiteur la moitié. Et il importera peu que l'objet de l'obligation soit ou non divisible; son indivisibilité pourra empêcher que le débiteur ne paie avant que les créanciers se soient mis d'accord, mais elle n'empêchera pas que les actions ne puissent être intentées séparément. Ce ne sera pas une indivisibilité absolue; elle se rencontrera seulement dans le mode de paiement, *individuum solutione*.

Concluons donc que tout droit réel demeure indivis et solidaire jusqu'à assignation de parts; que tout droit personnel est, au contraire, divisé dès le principe; que dès que deux ayans-droit existent ensemble, les parts sont faites, et chacun se trouve exclusivement maître de la sienne.

C'est cette divisibilité des actions qui a fait rejeter l'accroissement dans les contrats. Si je stipule dix pour moi et pour Titius, la stipulation vaut pour cinq et est nulle pour les cinq qui concernent Titius. C'est que la division a été opérée dès le principe, et que je n'ai jamais eu de droit aux cinq de Titius (1). Il est vrai qu'il y a d'autres cas dans lesquels des contrats paraissent admettre une sorte d'accroissement; mais ce n'est point à cause de l'indivisibilité de l'objet, ainsi que le prétend Duaren (2), mais à cause de la nature de ces contrats *bonæ fidei* dans lesquels on se permet une déviation des principes rigoureux du droit pour suivre les règles de l'équité et l'intention des parties. Ainsi, si j'acquiers un fonds pour moi et pour Titius, il me sera acquis en totalité (3). La différence de ces deux décisions provient de la distinction des contrats *stricti juris* et *bonæ fidei*, et non de la divisibilité des deniers et de l'indivisibilité du fonds de terre, indivisibilité qui d'ailleurs serait très contestable. Les décisions seraient les mêmes si la stipulation avait pour objet une chose indivisible, et la vente une chose

(1) *Inst. Just. de inut. stipul.* § 4. — Dig. L. 110, *de verb. oblig.*
(2) *De jure accr.*, L. 1, cap. 15.
(3) Dig. L. 64, *de contract empt.*

fongible. On trouve dans la loi 84, § VIII *de Legatis* 1°, un exemple du rejet de l'accroissement dans un legs d'un esclave, chose certainement plus indivisible qu'un fonds de terre.

III. — *L'accroissement n'a pas lieu dans les legs* per damnationem.

Cette digression sur les contrats nous conduit aux principes du legs *per damnationem*. Rien n'a plus d'analogie, en effet, que ce legs et la stipulation; l'héritier est obligé absolument de la même manière par la damnation ou l'ordre du testateur, qu'il le serait par une stipulation, et, *vice versâ*, le légataire y trouve une action absolument de même nature que celle qu'il aurait s'il avait stipulé de l'héritier.

Cela posé, l'accroissement n'aura jamais lieu dans les legs *per damnationem* (1). Voici, en effet, quel sera le résultat nécessaire de chaque espèce de conjonction : si les légataires sont conjoints *re tantùm*, c'est-à-dire si la même chose leur est leguée *disjunctìm*, l'héritier devra livrer à l'un la chose, à l'autre l'estimation. Rien d'inconciliable, en effet, entre deux obligations de livrer le même objet; et ce qui arrive ici est

(1) Gaius, Comm. II, § 205. — Ulp., *Frag.* tit. 24, § 13.

précisément ce qui arriverait à celui qui se serait engagé séparément envers deux personnes différentes à leur livrer la même chose. Cette solution est donc logique; mais aussi, si l'un des légataires manque, c'est l'héritier qui en profite, et il serait absurde de prétendre qu'il dût payer à l'autre et la chose et le prix à la fois.

Si les légataires sont conjoints *re et verbis*, si la chose leur est léguée *conjunctìm*, l'obligation de l'héritier n'a pour objet que la chose seule et une seule fois; mais elle se divise de plein droit comme toute obligation, et c'est tout comme s'il y avait deux obligations distinctes, deux legs différens. Les légataires ont chacun leur part dès le principe, *initio partes habent*, et chacune de ces parts étant distincte et indépendante de l'autre, il n'y a pas plus de raison d'admettre l'accroissement dans ce cas que de l'admettre entre légataires de choses différentes : la part du défaillant demeure à l'héritier.

Parlerons-nous après cela de la conjonction *verbìs tantùm* dans le legs *per damnationem ?* Puisque la division existe de plein droit, qu'ajoutera à la disposition l'expression formelle d'une assignation de parts? rien assurément, et nous aurons à appliquer ici ce que nous avons dit de la conjonction *re et verbis*.

IV. — *De l'accroissement dans les legs* per vindicationem.

Il en est bien différemment du legs *per vindicationem*, du legs de propriété (1). Si dans ce legs plusieurs légataires sont conjoints par la chose seulement, il est vrai que la chose entière est léguée à chacun d'eux, mais ces deux legs se contrarient; il n'est point possible que tous deux sortent entièrement à effet, car il n'y a qu'une chose pour deux propriétaires; et comme il ne résulte de ce legs qu'une action réelle, on ne peut demander à l'héritier de payer la valeur à l'un et de donner la chose à l'autre. Il faut donc que les deux légataires se partagent également la chose, puisqu'ils ont sur elle des droits égaux; mais jusqu'au partage chacun a droit à la totalité, ce n'est que la concurrence de l'autre qui réduit son droit à la moitié, et si cette concurrence n'a pas lieu, il obtient l'intégralité. Voilà le droit d'accroissement de l'ancien droit: *Concursu partes fiebant, non concurrente altero pars ejus alteri accrescebat.*

Le même raisonnement et la même décision sont applicables aux légataires conjoints *re et verbis*. Le droit de propriété qui leur est conféré conjointement par le legs n'étant point suscepti-

(1) Gaius, Comm. II, § 199. — Ulp., *Freg.* tit. 24, § 12.

ble d'une division de plein droit, il y a indivision jusqu'à ce qu'un partage intervienne entre les légataires; jusque-là chacun a droit à la totalité et à chaque partie indistinctement. Aussi les jurisconsultes ne distinguent-ils nullement entre les conjoints *re tantùm* et les conjoints *re et verbis*, ou, pour parler leur langage, entre les *conjuncti* et les *disjuncti*: *Sive conjunctìm*, *sive disjunctìm*, dit Gaius; et Ulpien confond aussi les deux cas dans la même décision. Il ne commence à y avoir lieu à une distinction entre les conjoints et les disjoints que lorsqu'il se trouve que des légataires de l'une et de l'autre espèce concourent sur un même legs; alors des principes que nous exposerons bientôt règlent comment se fait entre eux le partage du legs, et comment se répartit la portion du défaillant. Mais d'ailleurs l'accroissement pour les uns et pour les autres repose sur une même base; il y a également solidarité dans un cas et dans l'autre, parce que cette solidarité ne tient point à la séparation des legs en deux dispositions distinctes ou à leur union en une seule, mais à l'unité et à l'indivision de la chose léguée. Il faut donc appliquer aux *conjuncti* et aux *disjuncti* les mêmes règles d'accroissement, et ce serait un dangereux anachronisme que de leur appliquer la distinction que fait Justinien entre *conjuncti re* et *conjuncti re et verbis*, que de dire qu'il a pour les uns accroissement, pour les autres non-décroissement. S'il nous était permis de parler un langage moderne en traitant du droit ancien, nous dirions que pour les uns comme pour les autres il y a lieu non point au droit d'accroissement, mais au droit de non-décroissement.

On est loin de pouvoir dire la même chose des légataires conjoints *verbis tantùm : Titio et Mævio fundum æquis partibus do lego*. Ceux-là, au lieu d'avoir dans le principe chacun la totalité, ont leurs parts toutes faites. Il est légué à chacun la moitié de la chose, et ce legs en comprend en réalité deux bien distincts sous la même disposition. La division, qui ne pouvait s'opérer de plein droit comme dans le legs *per damnationem*, s'est opérée par l'assignation de parts faite par le testateur; dès lors les légataires sont respectivement dans la même position que si le legs avait été fait *per damnationem* : plus de solidarité entre eux, et partant plus d'accroissement.

Aussi les anciens jurisconsultes ne considéraient point ces expressions *æquis partibus do lego* comme une véritable conjonction, mais comme une forme de langage abrégée et équivalant à ces expressions : *Titio partem dimidiam do lego ; Seio partem dimidiam do lego;* expressions qui incontestablement seraient exclusives de tout accroissement. Celsus définit ainsi la conjonction : *Conjunctìm hæredes institui aut conjunctìm legari, hoc est : totam hæreditatem et tota legata singulis data esse, partes autem concursu fieri* (1). On reconnaît là l'origine que nous avons indiquée de tout droit d'accroissement, l'appel solidaire de chacun à la totalité; et il est impossible de ne pas convenir que ces termes sont absolument inapplicables à la conjonction *verbis tantùm*, dans laquelle chaque légataire a sa part dès le principe : *Semper partes habent legatarii* (2). Si à l'argument tiré de cette loi nous joignons le témoignage de Pomponius (3), qui nous apprend précisément que ces expressions *Gaius et Mævius æquis ex partibus hæredes sunto* ne constituent point une conjonction, nous ne pourrons plus douter que ce que l'on nomme conjonction *verbis* n'est point une véritable conjonction, mais seulement qu'elle en présente l'apparence par sa forme, et qu'elle ne saurait d'ailleurs en produire les effets. Cette manière de considérer la conjonction *verbis* est corroborée par une décision de Javolenus (4) semblable en tout à celle

(1) L. 80, Dig. *de leg.* 3°.
(2) L. 89, Dig. *de leg.* 3°.
(3) L. 66, Dig. *de hæred. inst.*
(4) L. 41, Dig. *de leg.* 2°.

que nous venons de citer de Pomponius, si ce n'est que, dans les termes de la prétendue conjonction, Pomponius suppose une disposition ainsi conçue : *Titius hæres esto, Gaius et Mævius æquis ex partibus hæredes sunto;* et Javolenus : *Mævio fundi partem dimidiam, Seio partem dimidiam lego, eumdem fundum Titio lego.* L'interprétation de ces deux dispositions est la même, parce qu'en effet elles sont identiques; l'une seulement est plus courte que l'autre. Voici cette interprétation qu'il est bon de rapporter, parce qu'elle a donné lieu à des difficultés, et qu'elle a paru obscure à Cujas (1) et à Merille (2). Gaius et Mævius dans le premier cas, Mævius et Seius dans le second, ne sont pas conjoints; il n'y aura pas d'accroissement entre eux à l'exclusion de l'autre héritier ou légataire; mais si l'un d'eux manque, sa part accroîtra proportionnellement aux deux autres : *Non alteri soli pars adcrescit, sed omnibus cohæredibus pro hæreditariis portionibus.* On demande pourquoi cet accroissement : c'est qu'il existe entre les trois héritiers ou les trois légataires une conjonction réelle, du moins pour une partie. Deux d'entre eux ayant droit à la moitié

(1) *Observ.* lib. XXIV, cap. 35.
(2) *De jure accresc.*, cap. 6.

chacun, et le troisième à la totalité, ces trois legs se gênent mutuellement, se rencontrent sur un même objet et se réduisent par le concours. Dès lors, à défaut de concours, il y a accroissement. Si les trois légataires se présentent, celui qui avait droit au tout sera réduit à la moitié, ceux à qui avait été laissée la moitié auront un quart chacun. Si l'un de ces derniers manque, il ne restera qu'un légataire du tout et un de la moitié; le premier aura deux tiers, le second un tiers, par suite de l'accroissement proportionnel de la portion du défaillant. Mais s'il ne restait que l'un des légataires de la moitié, il ne pourrait prétendre, en vertu du droit d'accroissement, à la totalité; l'accroissement ne peut être pour lui qu'une dispense de réduction, et il ne devra obtenir que la moitié qui lui a été laissée. C'est ce que Cujas a exprimé d'une manière très concise en disant qu'il y a lieu à l'accroissement *excessu*, parce que les dispositions excèdent la totalité de la chose léguée.

Enfin, nous trouvons dans le titre du Digeste *de usufructu adcrescendo*, des textes formels et parfaitement clairs qui proscrivent l'accroissement entre *verbis conjuncti*. Ils n'ont besoin que d'être cités : *Totiens jus adcrescendi esse quotiens in duobus qui in solidum habuerunt concursu divi-*

sus est (1). Et ensuite : *Cum singulis ab hæredibus singulis ejusdem rei fructus legatur, fructuarii separati videntur, non minùs quàm si æquis portionibus, duobus ejusdem rei fructus legatus fuisset : unde fit ut inter eos jus adcrescendi non sit* (2).

V. — *Examen de la doctrine et de l'accroissement entre* verbis conjuncti.

Il nous reste, sur cette question tant débattue de l'accroissement entre *verbis conjuncti*, à examiner les argumens sur lesquels on s'est fondé pour l'admettre, et à démontrer qu'ils ne sont nullement admissibles si l'on pose la question sur le terrain du droit ancien : car cette discussion n'a été, ce nous semble, que le fruit d'une confusion entre deux législations différentes, et les auteurs qui y ont pris part n'ont point pensé à distinguer entre le système du droit ancien et celui de Justinien. Nous espérons, après avoir démontré que cet accroissement était rejeté par le droit antique, prouver en nous occupant du système introduit par Justinien, qu'il fût admis par cette dernière législation. Nous tirerons des traités de Duaren et de Papillon (3) les argumens

(1) L. 3, pr. Dig. *de usuf. adcres.*

(2) L. 11. — *Ibidem.*

(3) *De jure accrescendi Libellus.* — *Trésor d'Otton*, tom. IV.

que nous avons ainsi à réfuter en tant seulement qu'on a prétendu les appliquer au droit ancien.

Duaren donne pour fondement au droit d'accroissement l'intention du testateur; et, partant de ce principe, voici l'unique différence qu'il trouve en les *conjuncti re* et les *conjuncti verbis*. Les premiers ont un droit primitif à la totalité chacun, mais sous la condition, *s'il n'y a pas concours;* les seconds n'ont, à la vérité, dans le principe qu'un droit à leur part chacun, mais sous la condition, *s'il y a concours;* et s'il n'y a pas concours, celui qui reste a droit au tout (1). De là découle la distinction du *jus accrescendi*, et *jus non decrescendi.* Cette explication ingénieuse est très juste si l'on examine la question dans le système du droit de Justinien, mais elle est tout-à-fait inconciliable avec le système du droit ancien qui fait dépendre les legs de la volonté exprimée selon la forme solennelle, et non de l'intention présumée du testateur. Pourquoi alors n'admettrait-on pas l'accroissement dans le legs *per damnationem?* Ne pourrait-on pas dire que là aussi chaque légataire n'a que sa part selon la lettre, mais a aussi celle de son légataire défaillant, selon l'intention du testateur? La distinction que

(1) Duaren, lib. 1, cap. 11.

fait le droit ancien entre les legs *per damnationem* et les legs *per vindicationem* est inconciliable avec le principe de l'intention présumée, et prouve évidemment que le droit ancien n'a pas puisé la base de l'accroissement là où la place Duaren.

La loi 66, Dig. *de hæred. inst.*, contrariait ce système, puisque le jurisconsulte y rejette formellement la conjonction *verbis*. Duaren n'en a pas été embarrassé : c'est là une question de fait, d'intention ; Pomponius n'a point dit que la conjonction *verbis* ne donne pas lieu à l'accroisement, il a jugé que dans le cas posé il n'y a pas conjonction (1). Certes, s'il n'y a pas conjonction *verbis* dans ce cas-là, *Gaius et Mævius æquis partibus hæredes sunto*, il sera bien difficile d'imaginer un cas où elle se rencontre.

Les lois qui rejettent l'accroissement entre *verbis conjuncti*, et qui sont tirées du titre *de usufructu accrescendo*, n'ont rapport, dit-on, qu'à cette matière spéciale, et nullement aux legs de propriété ; mais pourquoi cette différence entre les legs d'usufruit et ceux de propriété? *Eâ, opinor, ratione, quia, cùm unaquæque pars hæreat personæ cui adscripta est à testatore, deficiente personâ, finitur et ad proprietatem redit* (2). On ne

(1) Duaren, lib. II, cap. 11.

(2) *Id.* lib. 1, cap. 10.

voit pas pourquoi cette raison ne s'appliquerait pas aussi bien au legs de la pleine propriété, ou bien pourquoi, si l'on veut distinguer entre la propriété et l'usufruit, on ne décide pas aussi la même chose pour les légataires d'usufruit *conjuncti re.*

L'on a long-temps considéré la loi 89, Dig. *de Legatis* 3°, comme établissant le droit d'accroissement entre toutes sortes de conjoints. Duaren et les partisans de son opinion s'en étaient emparés, et les sectateurs de l'opinion contraire en donnaient diverses explications, toutes torturées, obscures et peu conciliables avec les principes généraux de l'accroissement (1). La découverte de Gaius a enfin donné la clef de ce texte si obscur. Il ne s'agit nullement du droit d'accroissement, mais du *jus caduca vindicandi*, introduit par la loi *Papia Poppæa.* Cette interprétation a été développée de la manière la plus claire et la plus convaincante pas M. Holtius (2); elle est admise par M. Hugo (3); mais cependant on trouve encore dans la plupart des traités modernes l'explication de cette loi comme se rapportant au droit d'ac-

---

(1) Govea, *Animadversionum ad. L. re conjuncti.* — *Cujac. Observ.* lib. XXIV, cap. 34.

(2) *Thémis*, tom. IX, pag. 244.

(3) *Histoire du Droit romain*, § 295.

sement (1). Nous aurons occasion de revenir sur cette décision de Paul en parlant de loi *Papia Poppæa*.

Enfin on argumente de la loi 16, § 11, Dig. *de legatis* 1°, ainsi conçu : *Si Titio et posthumis legatum sit, non nato posthumo totum Titius vindicabit; sed et si testator Titio et posthumis viriles partes dari voluisset, vel etiam id expressisset, totum legatum Titio debetur non nato posthumo*. Les auteurs qui se sont occupés de cette loi, entre autres Duaren, Papillon, Pothier (2) et M. Ducaurroy, l'ont tous interprétée comme admettant en général le droit d'accroissement entre *verbis conjuncti*. Il nous semble que c'est ici une décision particulière, une exception aux règles générales, qui doit son origine à cette circonstance de l'incertitude de savoir s'il y aura des posthumes, combien il y en aura, et par conséquent combien de personnes seront appelées à recueillir ce legs. Titius et les posthumes sont appelés à recueillir le legs; combien de personnes cela fait-il? On ne le saura qu'après la mort du testateur et le temps légal pendant lequel peuvent naître des posthumes. Ce

(1) M. Ducaurroy, *Inst. expliquées*, tom. II, pag. 236.

(2) Pandectes, *de leg. et fideic.*, art. 422.

(3) *Inst. expl.*, tom. II, pag. 236.

ne sera donc qu'à cette époque que l'on pourra savoir quelle sera la part de chacun ; et jusque là il est impossible de concevoir une division ; parce qu'il n'y a pas de division sans diviseur, sans la fixation du nombre de parts à faire. On ne peut point dire de Titius : *initio partem habet ;* sa part est incertaine, c'est une part virile parmi un nombre non encore déterminé d'ayans-droits ; ce nombre se compose de lui et des posthumes. S'il naît deux posthumes, cette part sera le tiers ; s'il en naît un seul, la moitié ; et s'il n'en naît aucun, le tout. Ainsi donc, dans ce cas spécial, la raison qui fait repousser l'accroissement, c'est-à-dire l'attribution de parts, la division opérée dès le principe entre les légataires, ne se rencontre point, et dès lors le droit d'accroissement reparaît. Et il en serait de même alors encore que le legs aurait été fait *per damnationem ;* l'incertitude du nombre des personnes appelées arrêterait la division de plein droit qui s'opère dans ce legs, comme elle arrête dans le legs *per vindicationem* celle qui résulte de l'assignation de parts faite par le testateur.

Observons encore que cette division n'est que retardée jusqu'au jour où le nombre des personnes appelées sera fixé, et qu'alors chacun aura sa part faite et il n'y aura plus d'accroissement. Si donc, dans le cas posé, un posthume est né et répudie le legs, Titius n'aura point droit à la totalité, mais à la moitié seulement.

Cette interprétation est confirmée par les lois 5, 6, 7, Dig. *de rebus dubiis*, dans lesquelles un cas semblable est posé : *Si tibi et posthumo suo vel alieno hæreditatem restituere quis rogaverit; — vel ex parte te et ex parte posthumum hæredem instituisset legatumve similiter vel fideicommissum dedisset. — Utrum ità posthumus partem faciat si natus sit; an et si natus non sit, quæritur? Ego commodiùs dici puto, siquidem natus non est, minimè eum partem facere; sed totum ad te pertinere quasi ab initio tibi solido relicto; sin autem natus fuerit, utrosque accipere quantùm cuique relictum est, ut uno nato pars tibi dimidia debeatur, duobus natis tertia tibi debeatur*, etc.

On retrouve dans cet exemple tout ce que nous venons d'exprimer : 1° il y a accroissement si le posthume ne naît point, parce que la division ne s'est pas opérée, *minimè eum partem facere;* 2° il cesse d'y avoir lieu à accroissement dès que le posthume est né, parce qu'alors la division est opérée; le jurisconsulte regarde comme incontesté que le posthume né opère la division, et demande seulement si celui qui n'est point né l'opère également, *utrum ità partem faciat si natus sit, an et si natus non sit;* 3° l'accroissement, le posthume n'étant point né, aurait lieu même dans le legs *per damnationem*, puisque le cas est posé d'un fidéicommis. Or, le fidéicommis est assimilé au legs *per damnationem* (1); comme lui il ne donne point de droit réel, mais seulement une action personnelle contre l'héritier.

VI. — *Du legs fait à un esclave commun.*

Le legs fait à un esclave commun à plusieurs maîtres n'admet point d'accroissement de l'un des maîtres à l'autre, parce que cet esclave acquiert pour chacun d'eux une part du legs proportionnelle aux droits qu'ils ont sur lui-même, *pro partibus dominicis*, et que dès lors chacun d'eux a sa part faite dès l'origine et n'a nul titre aux parts des autres. Telle est la décision de la loi 20, Dig. *de legatis* 2° ; et cependant la part de celui qui répudie est acquise aux autres, mais par un autre droit que celui d'accroissement. Un ancien principe veut que l'esclave commun acquière pour l'un de ses maîtres ce qu'il ne peut acquérir pour l'autre : *Persona servi communis ejus conditionis est ut, in eo quod alter ex dominis potest acquirere, alter non potest; perindè habeatur ac si ejus soliùs esset cui*

(1) Pothier, *Pandect. de leg. et fid.*, 419.

acquirendi facultatem habeat (1); et ce principe s'applique aussi bien aux legs qu'aux stipulations. La part du répudiant est acquise à l'autre maître, *non jure accrescendi sed jure potestatis*, comme le dit Doneau (2). C'est ainsi qu'il faut interpréter plusieurs lois qui paraissent au premier aspect admettre l'accroissement dans des cas semblables (3); il est vrai qu'il est difficile de trouver une différence dans leurs résultats entre ces deux modes d'obtenir la même chose, mais toujours est-il qu'ils diffèrent dans leur principe. On peut remarquer qu'il n'est nullement à distinguer si le legs a été fait à l'esclave *per damnationem* ou *per vindicationem* : dans l'un et l'autre cas également, le principe que l'esclave acquiert pour l'un de ses maîtres ce qu'il n'acquiert pas pour l'autre, se trouve parfaitement applicable.

VII. — *Du legs d'usufruit* (4).

La nature toute particulière des legs d'usufruit donne lieu à quelques singularités dans l'application qui leur est faite des règles de l'accroissement.

---

(1) L. 1, § 4, Dig. *de stipul. servorum.*

(2) Comm. lib. x, cap. 23, § 23.

(3) L. 67, Dig. *de acq. vel omitt. hæreditate.* — L. 1, § 1, Dig. *de usufr. accresc.*

(4) Suerin, *de usuf. accrescendo.* — *Trésor d'Otton*, tom. IV.

Ce qui distingue essentiellement les legs d'usufruit de ceux de pleine propriété, c'est que les premiers sont considérés comme la réunion d'une infinité de petits legs qui obviennent successivement et séparément; et chacun de ces petits legs dont la réunion compose le legs d'usufruit, c'est la jouissance d'un jour : *ususfructus quotidiè constituitur et legatur*; *non ut proprietas eo solo tempore quo vindicatur* (1). Ainsi le legs de propriété s'acquiert d'un seul coup et au même instant pour la totalité parce qu'il est *un*; mais le legs d'usufruit est multiple, et chacun des legs qu'il comprend s'acquiert séparément à l'époque à laquelle il se rapporte.

De là il résulte que sans changer aucunement pour les legs d'usufruit les règles ordinaires de l'accroissement, il faut cependant les appliquer distinctement à chacun des legs dont se compose l'usufruit. Pour le legs de propriété, ce n'est qu'une fois que l'on peut se demander si le conjoint est tombé dans un cas de défaillance qui donne ouverture au droit d'accroissement; et quand une fois le legs a reposé sur la tête du conjoint, l'accroissement est irrévocablement exclu. Pour le legs d'usufruit, la question de

(1) L. 1, § 3, *de usuf. accrescendo.*

défaillance se représente tous les jours, et pour chacun des legs journaliers dont il se compose ; et quoiqu'il y ait eu concours des deux légataires et partage entre eux pour le premier de ces legs et pour un nombre quelconque qui lui ont succédé, il peut bien se faire qu'il y ait défaillance et accroissement pour ceux qui suivent.

Supposons deux légataires d'usufruit conjoints de la manière voulue pour qu'il y ait lieu à accroissement entre eux. Ils étaient capables l'un et l'autre à l'époque de la mort du testateur, et se sont partagé l'usufruit qui leur a été laissé. Plus tard l'un d'eux vient à mourir. La jouissance des jours qui suivent son décès forme encore chaque jour un nouveau legs qui n'échoit et ne peut être acquis que ce jour-là, et pour acquérir chacun d'eux il faudrait exister et être capable le jour de son échéance. Or, le décédé ne pouvant les recueillir, son conjoint jouira du droit d'accroissement : *Cùm primùm itaque non inveniet alter eum qui sibi concurrat, solus utetur in totum* (1).

C'est ce que l'on exprime par cette règle, que dans les legs d'usufruit l'accroissement a lieu même après l'acceptation et le partage, et que l'usufruit ne se réunit à la propriété que par

---

(1) L. 1, § 3, *de usufr. accr.*

le décès du dernier mourant des co-légataires.

Ce que nous venons de dire de la mort de l'un des co-légataires doit s'entendre également de la survenance d'une incapacité en sa personne, du cas, par exemple, où il perdrait son usufruit par diminution de tête; mais il faut bien observer aussi que cet accroissement qui s'opère dans l'usufruit ne peut provenir que de l'un des événemens qui, selon les règles ordinaires, constituent un légataire en état de défaillance, et que par conséquent si l'usufruit prend fin par toute autre voie, il ne peut plus être question d'accroissement. C'est en effet l'état où se trouve l'un des co-légataires de ne pouvoir plus recevoir les legs qui échoient chaque jour, et non en général la perte qu'il peut faire de son droit d'usufruit qui donne ouverture à l'accroissement au profit de l'autre. Ceci peut s'éclaircir par des exemples.

Si l'un des co-légataires perd son usufruit par le non-usage, sa part n'ira point accroître à l'autre, mais se confondre dans la propriété; car ce mode d'extinction de l'usufruit est une prescription qui fait en même temps perdre à l'usufruitier et gagner au propriétaire. L'usufruit peut par le non-usage se perdre sur une partie seulement de la chose, tandis que les modes d'extinction qui tiennent à la personne de l'usufruitier ne le peuvent éteindre que pour le tout (1). L'usufruit est éteint sur la portion dont on n'a pas usé, et il suffit que nul ayant-droit n'ait usé de telle ou telle partie de la chose, pour que cette partie cesse d'être soumise à l'usufruit; la circonstance qu'il y a plusieurs usufruitiers ne change rien au droit d'acquérir par prescription qui est accordé au nu-propriétaire.

De même encore, si l'usufruit de l'un des co-légataires prend fin par la consolidation, soit que ce co-légataire acquière les droits du nu-propriétaire, soit qu'au contraire celui-ci acquière ceux du premier, il est évident que cet événement ne pourra en rien profiter à l'autre co-usufruitier et ne donnera point ouverture au droit d'accroissement; mais si, postérieurement, il arrive un cas de défaillance propre à donner ouverture à l'accroissement, l'accroissement s'opérera et l'usufruit éteint devra revivre au profit du co-légataire (2). Ainsi, si, après que l'un des co-usufruitiers a vendu son droit au propriétaire, il vient à prédécéder son co-légataire, celui-ci aura droit de réclamer, en vertu de l'accroissement, l'usufruit sur la partie acquise par le propriétaire, parce que la

(1) L. 14 et 25, Dig. *Quibus mod. usus vel usuf. amit.*

(2) L. 3, § 2, *de usufr. accr.*

vente faite par son co-usufruitier ne peut préjudicier à ses droits. De même, si l'un des co-usufruitiers meurt après avoir hérité du nu-propriétaire, ses propres héritiers devront souffrir que l'usufruit de l'autre s'exerce même sur la portion pour laquelle la confusion s'était opérée sur la tête de leur auteur.

De ce que le legs se renouvelle chaque jour, il suit encore une importante conséquence corrélative à celle que nous venons de développer. Le co-usufruitier n'obtenant l'accroissement de la part de son conjoint que parce que l'usufruit est considéré, à partir de la défaillance de celui-ci, comme un nouveau legs qui n'a été fait que pour cette époque, il s'ensuit que pour obtenir cet accroissement il faut être capable de recevoir le legs à l'époque de la défaillance. La jouissance du jour de la défaillance et de ceux qui le suivent forme une nouvelle série de legs, pour lesquels il y a lieu à l'accroissement parce que l'un des légataires ne concourt plus avec l'autre; mais aussi cet autre ne peut prétendre à l'accroissement qu'autant qu'il est capable, car sans cela il serait dans le même cas que le premier, et l'usufruit, faute d'ayans-droit, se réunirait à la propriété. La capacité du co-légataire qui reste à l'époque de la défaillance de l'autre est la seule condition exigée pour que l'accroissement s'opère. Il importe peu qu'il soit ou non à cette époque en possession de sa part de l'usufruit; la seule chose à considérer est de savoir s'il est ou non capable de recevoir les nouveaux legs qui échoient chaque jour à partir de cette époque.

Si donc il a perdu sa part de l'usufruit par mort ou diminution de tête, il ne peut prétendre à l'accroissement, parce qu'il ne peut plus recevoir le legs; mais s'il l'a perdue par non-usage, par la prescription par un tiers, par cession au nu-propriétaire, il jouit encore du droit d'accroissement, parce qu'il ne se trouve pas moins pour cela capable de recevoir le legs à l'époque de la défaillance de son associé (1).

Et il ne faut point croire que cette condition de la capacité à l'époque où s'opère l'accroissement soit particulière à l'usufruit, elle existe aussi dans les autres legs; mais, dans ces derniers, la capacité est requise au jour où l'on acquiert sa propre part, parce que l'accroissement même postérieur est censé s'opérer à cette époque à cause de la rétroactivité, dont nous nous occuperons bientôt, tandis que dans les legs d'usufruit il s'opère le jour de la défaillance, et chaque

(1) L. 10, Dig. *de usufr. accrescendo.*

jour suivant, parce que le legs d'usufruit se renouvelle chaque jour, de sorte que c'est à l'époque de la défaillance qu'on doit exiger la capacité. Or, à cette époque, le co-légataire d'usufruit peut avoir perdu sa part et être encore capable, tandis que dans les legs de propriété il est impossible qu'il ait perdu sa part au moment où s'opère l'accroissement, puisque l'accroissement s'opère au moment même qu'il acquiert sa portion. De là il résulte qu'il peut arriver souvent qu'un co-légataire d'usufruit obtienne l'accroissement sans être encore en possession de sa part, tandis que cela ne peut jamais être pour un co-légataire de propriété. C'est ce que l'on a exprimé en disant que l'usufruit accroît à la personne, et la propriété à la portion : *Usufructus non portioni sed homini adcrescit* (1). Mais il ne faut point voir dans cette proposition un principe absolu et fondamental en matière d'accroissement dans les legs d'usufruit ; ce n'est que l'expression résumée des résultats en fait, quant à l'accroissement, de la différence de nature qui existe entre les legs de propriété et d'usufruit, de cette différence que caractérise le texte déjà cité : *Usufructus quotidiè constituitur et legatur.*

(1) L. 14, § 1, Dig. *de excep. rei judicatæ.* — L. 33, Dig. *de usufr.*

CHAPITRE QUATRIÈME.

A QUI PROFITE L'ACCROISSEMENT ET DANS QUELLE PROPORTION.

I. — *Comment se distribue la part du défaillant quand il y a plusieurs ayans-droit à l'accroissement.*

Nous avons parcouru les divers cas dans lesquels se rencontre le droit d'accroissement; dans tous nous avons remarqué cette circonstance fondamentale de l'appel de plusieurs à recueillir l'intégralité d'une même chose, et nous avons vu résulter de cet appel solidaire l'alternative de la division en cas de concours, et de l'accroissement en cas de défaillance. De là il est facile de déduire la répartition de la part qui tombe dans un cas d'accroissement. Le profit qui résulte de la défaillance de l'un des ayans-droits est corrélatif à la perte qui aurait résulté de sa concurrence, et doit se distribuer de la même manière (1). Il faut donc examiner comment se serait fait le partage si tous avaient pu et voulu y prendre part, et comment

(1) Doneau, comment. lib. VII, cap. 13, § 26.

il se serait fait si le défaillant n'avait jamais été appelé. Relativement à chacun, la différence de ce qu'il aurait dans un cas et de ce qu'il aurait dans l'autre, sera précisément ce que le concours du défaillant lui aurait fait perdre, et ce qu'il doit obtenir par l'accroissement; cela revient au même que de partager l'intégralité entre ceux qui demeurent, abstraction faite du défaillant et comme s'il n'eût jamais été appelé.

Appliquons cette règle aux cas particuliers; on peut les réduire à deux principaux, qui comprennent tous ceux qui peuvent se présenter :

1° Tous les ayans-droits sont appelés de telle manière qu'ils doivent venir au partage chacun distinctement pour leur part, *in capita*, et nous ne distinguons point si ces parts doivent se faire égales ou inégales; dans ce cas la part du défaillant doit se répartir entre tous proportionnellement à leurs propres portions, parce que s'il fût venu au partage, son concours eût réduit, selon cette proportion, les parts de chacun (1). Par exemple, s'il s'agit d'héritiers légitimes ou d'héritiers institués par égales portions ou sans expression de parts, mais chacun séparément, l'un d'eux étant défaillant, sa part accroît à tous les autres par

(1) L. 66, Dig. *de hæred instit.* — L. 41, Dig. *de legatis* 2°.

portions égales; s'il s'agit de plusieurs héritiers institués chacun séparément pour des parts inégales, la part du défaillant accroît à chacun des autres proportionnellement à sa propre part, *pro portionibus hæreditariis*. C'est en effet dans cette proportion que, s'ils eussent été seuls institués, ils eussent dû se partager la succession, alors même que la somme des parts assignées à chacun n'eût point fait l'*as* entier; c'est, par conséquent, dans cette proportion que la concurrence de leur co-héritier réduirait leurs droits s'il venait à partage, et il faut la suivre encore dans la distribution du profit que leur donne sa défaillance.

2° Le second cas est celui où la vocation des divers ayans-droit est telle que certains d'entre eux sont comptés réunis pour une seule personne, tandis que certains autres comptent chacun pour une, ou sont réunis à leur tour pour en former une autre. Alors le partage doit se faire de sorte que les appelés qui ne sont comptés que pour une personne n'obtiennent qu'une part et aient à faire ensuite une subdivision entre eux. Ce mode de partage détermine le mode de l'accroissement. Le défaillant peut former à lui seul une personne, ou bien n'être que le membre d'une personne, l'un de ceux dont la réunion ne compte que pour une. Dans le premier cas, sa part accroît à tous, mais par personnes et non par individus, de sorte que ceux qui ne comptent que pour une personne n'en obtiennent tous ensemble qu'une portion. Dans le second cas, sa part accroît seulement à ceux à qui il était réuni; la réunion d'individus qui composait une seule personne n'en forme pas moins une personne entière quand elle compte un individu de moins, et n'en doit pas moins obtenir sa part entière.

Voilà quelle est la règle, et on comprend aisément combien elle est juste et logique; mais il faut en faire l'application et rechercher quelles sont ces personnes qui, réunies, n'en forment qu'une, *quæ unius personæ vice funguntur*.

Dans l'hérédité légitime, lorsqu'il y a lieu à représentation, le partage se fait par souche et non par tête; l'accroissement a lieu entre les membres d'une même souche à l'exclusion des autres (1).

Dans l'hérédité testamentaire, nous avons vu que la conjonction n'est point nécessaire pour donner lieu au droit d'accroissement; mais lorsqu'elle existe elle réduit les conjoints à ne former entre eux qu'une personne. *Titius et Mævius hæredes sunto; Caius hæres esto.* Titius et Mævius n'auront, s'il viennent tous les deux à partage, que la

(1) Ulp. *Fr.*, tit. 26, § 2.

moitié; mais si l'un d'eux manque, l'autre aura seul cette moitié et rien n'accroîtra à Caius. De même, *Titius et Mævius hæredes sunto æquis partibus; ex quâ parte Titium institui Caius hæres esto.* Titius et Caius sont conjoints, non plus comme dans le cas précédent *re et verbis*, mais *verbis tantùm;* cependant on peut encore dire d'eux qu'ils ne comptent que pour une personne (1).

Dans les legs, il faut une conjonction pour qu'il y ait lieu à l'accroissement; mais entre plusieurs légataires tous conjoints il se peut que les uns le soient *re tantùm* et les autres *re et verbis*; ces derniers ne comptent que pour un. *Titio et Seio fundum do lego, Caio eumdem fundum lego;* les deux premiers ne comptent que pour un (2). Si l'un d'eux manque, sa part accroît à l'autre à l'exclusion de Caius. Il en est de même dans l'institution d'héritier lorsque les deux sortes de conjonction s'y rencontrent. Nous ne parlons pas de la conjonction *verbis tantùm*, puisque nous avons démontré qu'elle ne donne pas lieu à accroissement. Seulement, ainsi que nous l'avons observé, quand il y a excès dans la disposition, il se rencontre sous la conjonction *verbis* une vraie conjonction réelle qui donne lieu à l'accroissement

(1) Duarem, lib. II, cap. 8.
(2) L. 84 pr. Dig. *de legat.* 1°

en faveur de tous proportionnellement à leurs parts (1).

C'est encore un exemple de la réunion de plusieurs individus en une seule personne, quand plusieurs des appelés ne sont désignés que par une dénomination collective (2) : *Seio cum hæredibus meis ;— Primus et fratris mei filii.* Entre les héritiers, entre les neveux l'accroissement a lieu à l'exclusion de Seius ou de *primus.*

Si nous supposons une disposition ainsi conçue : *Primus et fratris mei filii hæredes sunto*, *secundus hæres esto ;* l'accroissement aura lieu entre les fils du frère, à l'exclusion de *primus*, comme nous venons de le dire, et à plus forte raison à l'exclusion de *secundus* ; mais, de plus, si c'est *primus* qui vienne à manquer, sa part accroîtra aux fils du frère à l'exclusion de *secundus*. C'est qu'une telle disposition exigeait trois partages : *primus* et les neveux devaient avoir la moitié de l'hérédité, *semissem*, et *secundus* l'autre. Ils devaient ensuite partager cette moitié, et il devait obvenir par là un quart de l'hérédité à *primus*, un quart aux neveux, qui enfin devaient se partager ce quart entre eux également.

(1) L. 66, Dig. *de hæred. instit.*

(2) L. 13, Dig. *de hæred. instit.* — L. 9, Dig. *de vulg. et pup.* — L. 7, Dig. *de usufr. accrescendo.*

II. — *Si la vente des droits héréditaires fait perdre le droit d'accroissement.*

Nous ne pouvons passer sous silence une question qui a été et est encore vivement débattue : c'est à savoir, dans le cas de vente de droits héréditaires, et de défaillance d'un co-héritier ou colégataire après cette vente, à qui doit obvenir le droit d'accroissement. Est-ce à l'héritier ou légataire qui a vendu ses droits, est-ce à celui qui en est devenu acquéreur (1)? On a voulu tirer des motifs de décision, en faveur de l'acquéreur, de la nature de l'accroissement et de la manière dont il s'opère. Il remonte, dit-on, au jour de la dévolution de l'hérédité ou du legs, et par conséquent la part accroissante s'est trouvée comprise dans les droits vendus. L'accroissement se fait à la portion et non à la personne; or, celui qui a vendu sa portion ne l'a plus et ne peut profiter de l'accroissement. Cet argument a l'inconvénient de ne pouvoir s'appliquer au legs d'usufruit; car la loi dont on le tire déclare que dans les legs d'usufruit, à la différence des autres, l'accroissement se fait à la personne et non à la portion (2).

---

(1) *Cujac. Obser.* lib. XII, cap. 13. — Duarem, lib. II, cap. 6.
(2) L. 33, Dig. *de usufructu.*

Or, quelle bizarrerie ne serait-ce point que de décider que l'acquéreur d'un droit d'hérédité doit profiter de l'accroissement, que l'acquéreur d'un legs de pleine propriété en doit également profiter, mais que dans le cas de vente d'un legs d'usufruit, ce profit doit demeurer au vendeur? On compare l'accroissement à l'alluvion : mais l'acquéreur d'un usufruit ne profite-t-il point de l'alluvion? Evidemment lorsque les jurisconsultes ont dit que l'accroissement dans les legs d'usufruit se fait à la personne et dans les autres à la portion, ils n'ont pas entendu par là accorder un droit à l'acquéreur dans un cas, et le lui refuser dans l'autre; ils ont seulement resumé par ces expressions ce qui se trouve enseigné par plusieurs lois, que souvent, dans les legs d'usufruit, l'accroissement a lieu au profit d'un légataire qui a perdu sa part (1).

Il nous semble que ce n'est pas sur ce terrain que la question doit être placée. Quelque unis que soient, dans la personne du co-légataire ou co-héritier, le droit certain de recueillir sa part et le droit aléatoire de recueillir celle de son co-légataire ou co-héritier défaillant, on ne saurait contester qu'il peut fort bien vendre l'un, et se

(1) L. 10, Dig. *de usuf. accresc.*

réserver l'autre. La question est donc dans la vente. A-t-il vendu la chance de l'accroissement, ou non ? Sans doute, s'il fallait se décider par les règles rigoureuses du droit, on pourrait, de ce que le titre du légataire ou héritier contient en lui-même le principe de l'accroissement, conclure qu'en vendant ses droits il a vendu l'espérance incertaine de l'accroissement ; mais la vente est un contrat de bonne foi, et il n'y a à examiner que cette question de fait, si les contractans ont entendu y comprendre la chance d'accroissement ; question dont la décision peut varier selon les circonstances et les expressions du contrat.

Il est de droit incontesté que dans le cas d'un fidéicommis d'une portion de l'hérédité, l'autre portion, si elle est caduque, n'accroît point à l'héritier fiduciaire, mais au fidéicommissaire (1).

On a conclu de là, par analogie, que celui qui a vendu ses droits héréditaires n'a plus droit à l'accroissement, parce que, de même que l'héritier fiduciaire, il ne possède plus sa part. Mais ce n'est point parce qu'il ne possède plus sa part, que le fiduciaire ne profite pas de l'accroissement; c'est parce qu'il n'est qu'un intermédiaire entre le testateur et le fidéicommissaire, et doit

(1) L. 43, Dig. *ad. S. C. Trebellianum.*

comme tel restituer à ce dernier tous les profits, quels qu'ils soient, qui résultent de la disposition. Le fidéicommis, ainsi que la vente, s'interprète *ex æquo et bono*. Ne serait-il point rationnel de penser que le vendeur de ses droits héréditaires n'a point entendu comprendre la chance d'accroissement dans la vente, et qu'au contraire, le testateur a entendu comprendre cette chance dans le fidéicommis?

CHAPITRE CINQUIÈME.

COMMENT S'OPÈRE L'ACCROISSEMENT ET QUELS SONT SES EFFETS.

I. — *L'accroissement est forcé et s'opère de plein droit.*

Toutes les distinctions qu'ont admises les auteurs dans la manière dont s'opère l'accroissement, et les effets qu'il produit, dérivent de ce qu'ils ont considéré celui qui profite de l'accroissement, tantôt comme appelé par un droit à lui personnel, tantôt comme représentant celui dont la part lui accroît. Or, nous avons démontré que, dans l'ancien droit du moins, dont nous nous occupons actuellement, celui qui est appelé à l'accroissement a toujours personnellement un titre originaire à recueillir l'intégralité du legs ou de l'hérédité, c'est-à-dire aussi bien la part de son co-appelé que la sienne propre. De là il s'ensuit nécessairement que lorsque ce co-appelé est défaillant, et que le premier vient par droit d'accroissement recueillir sa part, ce ne sont point les droits du défaillant qu'il exerce, mais les siens propres; il doit donc les exercer de la manière fixée par son propre titre, et aux conditions que ce titre renferme. Le titre du défaillant est absolument comme non avenu, et ne saurait produire aucun effet.

Il suit de là que l'accroissement est toujours forcé. La part qui accroît étant comprise dans les droits personnels de celui à qui elle accroît, on tombe dans un cas d'application de ce principe fondamental, que nul ne peut accepter pour une partie et répudier pour une autre (1) une hérédité ou un legs qui lui est dévolu; accepter sa portion et répudier celle qui obvient par accroissement, ce serait violer cette règle (2). Or, comme nous supposons que l'on a déjà acquis sa portion, on est forcé de recevoir l'autre parce qu'on ne peut plus revenir contre son acceptation : si l'acceptation n'avait pas encore eu lieu, on aurait le choix d'accepter ou de répudier le tout.

Les auteurs qui enseignent qu'entre *conjuncti re et verbis* l'accroissement n'est pas forcé, parlent de la législation de Justinien, et se fondent sur ce principe qu'entre eux les parts sont faites dès l'origine de la disposition (3). Cela admis,

(1) L. 80, Dig. *de acq. vel omit. hæreditate.* — L. 38, Dig. *de legat.* 1°.

(2) L. 35, 53, 59, Dig. *de acquir. vel omit. hæreditate.*

(3) Doneau, comm. lib. 8, cap. 10, § 11.

l'accroissement ne peut plus être qu'une sorte de représentation. Mais ce principe est de date récente; Ulpien enseigne, au contraire, qu'entre *conjuncti* comme entre *disjuncti*, ce n'est que le concours qui fait les parts.

L'accroissement se distingue en cela de la substitution, qui n'est jamais forcée. Un héritier ou légataire non conjoint, mais substitué à un autre, n'est jamais obligé d'accepter la substitution; mais s'il y a substitution réciproque entre personnes entre lesquelles il y aurait lieu à l'accroissement, l'une d'elles, si l'autre est défaillante, acquiert forcément par droit d'accroître ce qu'elle peut refuser d'acquérir par droit de substitution. Cela se rencontre toujours entre co-héritiers institués et réciproquement substitués, parce que, comme nous l'avons vu, l'accroissement a toujours lieu dans les institutions (1).

Le principe que l'accroissement est forcé souffre deux exceptions; c'est dans le cas d'abstention d'un héritier sien, et de restitution d'un mineur contre son acceptation de l'hérédité. L'abstention et la restitution sont des priviléges, *beneficia*, accordés par le préteur contre les règles du droit,

---

(1) L. 35, Dig. *de acq. vel. omitt. hæreditate.* — Merill. *de jure accr.* cap. 4.

et qui ne peuvent l'être qu'à la condition de ne point porter préjudice à autrui. Si l'abstention ou la restitution d'un héritier est antérieure à l'adition de l'autre, celui-ci n'en souffre pas de préjudice, il a le libre choix d'accepter ou de répudier pour le tout (1); mais on ne lui laisse point la faculté d'accepter sa part et de répudier celle de son co-héritier, parce que cette division serait contraire aux principes. Si c'est, au contraire, après l'acceptation d'un héritier que survient l'abstention de l'autre, pour que le premier n'en souffre pas, on lui accorde de revenir contre son acceptation, d'opter entre accepter l'accroissement, ou s'abstenir même de sa propre portion (2). Mais ici se présente une autre considération; il ne faut pas que cette faculté de revenir sur l'acceptation nuise aux créanciers de l'hérédité, et c'est ce qui arriverait toutes les fois que la succession serait obérée, parce qu'alors, par cette sorte d'abstention rétroactive, l'héritier répudierait plus de dettes que de biens. Il faut donc que les créanciers puissent s'emparer de la part de celui qui s'est abstenu, et forcer l'autre à conserver la sienne. Aussi, comme la restitution du

---

(1) L. 38, Dig. *de acq. vel. om. hæreditate.*
(2) L. 55, *eodem.*

mineur n'a lieu que dans des successions obérées, nous n'y retrouvons plus ce choix accordé au co-héritier d'accepter l'accroissement ou d'abandonner sa propre portion; il n'y a point lieu à accroissement forcé, mais la part du mineur restitué est dévolue aux créanciers, et l'autre héritier demeure obligé pour la sienne (1).

C'est une seconde et non moins essentielle conséquence des mêmes principes, que l'accroissement s'opère de plein droit, tacitement et sans qu'il soit besoin d'une nouvelle acceptation (2), et remonte à l'époque où a été acquise la portion à laquelle une autre vient accroître. Il ne peut en être différemment, puisque l'acquisition de cette part et l'accroissement de l'autre ne forment qu'un droit unique et indivisible. Cette conséquence est intimement liée avec la précédente; car l'accroissement étant forcé, cela implique nécessairement qu'il s'opère à l'insu même de celui à qui il obvient, et sans aucun acte de sa part.

De la rétroactivité de l'accroissement il résulte que le droit d'en profiter se transmet avant même qu'il soit acquis, avant que se soit accompli l'événement qui lui donne ouverture (3). Ainsi il suf-

---

(1) L. 61, Dig. *de acq. vel omitt. hæreditate.*
(2) L. 53, § 1, *de acq. vel omit. hæreditate.*
(3) L. 56, *eod.* L. 9, *de suis et legit. hæredibus*

fit qu'un héritier ou légataire ait acquis avant de mourir sa part de l'hérédité ou du legs, pour qu'il transmette à ses héritiers le droit d'accroissement sur les parts des autres qui pourront ensuite être répudiées ou devenir caduques. C'est encore là une des choses dans lesquelles l'accroissement diffère de la substitution.

II. — *Si la part du défaillant accroît avec les charges.*

Enfin, il nous reste à déduire des principes posés la solution de la question de l'accroissement des charges. Si le co-héritier ou co-légataire en faveur de qui s'ouvre l'accroissement ne représente point celui dont il recueille la portion, il ne doit point être soumis aux charges et conditions qui lui ont été imposées; mais, de même qu'il reçoit cette part parce qu'elle se trouve comprise dans son titre et lui a été réellement laissée, il peut se faire que les charges et conditions attachées à la part accroissante lui aient été imposées à lui-même conjointement avec le défaillant, et dans ce cas il y doit être soumis pour la totalité, non point à la vérité comme représentant du défaillant, mais comme y étant obligé par lui-même. En un mot, il peut y avoir conjonction dans les charges comme dans la disposition, et les effets de cette conjonction sont les mêmes : division des charges par le concours, accroissement en cas de défaillance. Ainsi la portion du défaillant accroît sans les charges qui y sont spécialement attachées; et il n'y a lieu à accroissement des charges que lorsqu'il existe, pour ce qui les concerne, le même lien entre les co-appelés qui donne lieu à l'accroissement dans les dispositions.

Telle est la règle qui paraît découler logiquement des principes de la matière; mais cette règle existait-elle réellement dans la législation romaine? nous le croyons également. Justinien, dans sa constitution qui compose le titre du code *de caducis tollendis*, nous apprend que dans l'ancien droit l'accroissement avait lieu sans les charges, *nisi perrarò*; il maintient l'accroissement sans les charges dans certains cas, le proscrit dans d'autres, mais le soin qu'il prend de préciser toutes ces distinctions, et le blâme qu'il déverse sur l'ancienne législation, indiquent assez que ces distinctions sont son propre ouvrage et que le droit antique avait d'autres règles. D'ailleurs, outre ces indications qui sont un peu vagues, nous trouvons dans le Digeste des exemples des deux cas: nous y voyons l'accroissement des charges admis quand elles sont imposées à tous, et rejeté quand elles le sont au défaillant seul.

Dans l'hérédité légitime, les charges pèsent indistinctement sur tous les héritiers; elles se divisent entre eux, mais elles se divisent selon le nombre de ceux qui acceptent, et grèvent chacun selon sa part; de sorte que si un seul accepte, il est seul héritier et doit toutes les charges. On en voit un exemple dans la loi 38, *de acq. vel omitt. hæreditate.*

Mais si certaines charges ne sont imposées qu'à un seul des héritiers légitimes, et que celui-là vienne à manquer, les autres reçoivent bien sa part par droit d'accroissement, mais ne sont pas soumis à ces charges. Il en est ainsi quand il s'agit d'un fidéicommis imposé à un seul des héritiers nommément (1).

Il en est de même dans l'hérédité testamentaire : *L. Titius et C. Seius, P. Mævio decem dare damnas sunto.* Si Seius répudie, Titius doit les dix entiers (2); et, au contraire : *Si filio hæredi pars ejus à quo nominatìm legatum est adcrescit, non præstabit legatum* (3). Dans le premier cas, la charge est imposée aux deux héritiers conjointement; dans le second, à un seul.

(1) L. 61, § 1, *de legatis* 2°.

(2) L. 122, § 1, *de leg.* 1°. Voir aussi L. 16, § 1.

(3) L. 29, *de leg.* 2°.

Ainsi encore, dans les legs, si une même chose est léguée à deux personnes sous cette condition : *Si hæredi centum dedissent*, celui à qui accroît la part de l'autre doit à l'héritier cent et non point cinquante seulement (1). Mais si le même fonds est légué à deux personnes, à l'une purement et simplement, à l'autre sous condition, si la seconde ne recueille point le legs, sa part accroît à la première sans qu'elle soit obligée d'obéir à la condition (2).

L'accroissement des charges était donc basé sur les mêmes principes et soumis aux mêmes règles que l'accroissement des parts d'hérédité ou de legs; mais cela fut changé par un rescrit de Sévère, dont il est fait mention dans la loi 61, *de legatis* 2°, et dont nous aurons plus tard occasion de nous occuper.

---

(1) L. 54, § 1, Dig. *de cond. et demonstr.*
(2) L. 30, *eodem.*

Deuxième Partie.

DU DROIT D'ACCROISSEMENT
sous l'empire de la loi *Papia Poppæa.*

Nous n'avons point à nous occuper de la loi *Papia Poppæa* dans la généralité de ses dispositions, mais dans celles seulement qui concernent les caduques, celles-là étant les seules qui aient une affinité avec l'accroissement; car c'est là précisément la partie la plus importante de cette loi, puisque c'est dans les caduques que réside la principale des peines infligées aux célibataires et aux mariés sans enfans, et le plus remarquable des priviléges accordés aux *pères*.

La loi *Papia* augmenta le nombre des cas où une disposition testamentaire ne pouvait sortir à effet, et, au lieu de laisser distribuer, selon les anciennes règles du droit d'accroissement et du droit de rétention dans l'hérédité, les dispositions qui tombaient dans ces nouveaux cas de défaillance, elle institua pour elles un nouveau mode de dévolution, et elle alla même jusqu'à répartir de cette manière des dispositions qui auparavant étaient soumises au droit d'accroissement. C'est en cela qu'elle modifia le système d'accroissement de l'ancienne législation.

Il faut donc, pour l'intelligence de l'influence qu'exerça la loi *Papia* sur la doctrine de l'accroissement, connaître d'abord dans quels nouveaux cas elle empêcha les dispositions testamentaires de sortir à effet. Nous rechercherons ensuite à qui elle déférait les objets de dispositions ainsi destituées de ceux qui avaient été appelés à les recueillir.

CHAPITRE PREMIER.

QUELLES ÉTAIENT LES DISPOSITIONS CADUQUES.

Ce fut de deux manières différentes que la loi *Papia* apporta de nouveaux obstacles à l'exécution des dispositions testamentaires : 1° en établissant des incapacités de recevoir; 2° en retardant pour les héritiers institués l'époque où il leur était permis de faire *adition*, et, pour les légataires, l'époque de la *cession du jour* des legs.

Les nouvelles incapacités prononcées par la loi *Papia* portèrent sur les célibataires et les mariés sans enfans. Les célibataires furent incapables de rien recevoir du testament d'un autre que d'un proche parent, et les mariés sans enfans, incapables de recevoir au delà de la moitié des dispositions faites en leur faveur (1). Les époux furent encore déclarés incapables de recevoir l'un de l'autre au delà d'une certaine portion détermi-

(1) Heineccius, *ad leg. Jul., et Pap.* cap. 36 et 37.

née par le nombre des enfans; cette portion était d'un ou de plusieurs dixièmes, et c'est ce qui fit appeler les chefs de la loi *Papia Poppœa* qui en traitaient, *leges decimariœ;* en certains cas ils pouvaient recevoir le tout, *solidi capacitas* (1).

Gaius nous apprend cependant que ces incapacités n'étaient prononcées par la loi que pour les institutions et les legs, et que les célibataires demeurèrent capables de recevoir par fidéicommis, jusqu'à ce que le S. C. pégasien assimila sous ce rapport les fidéicommis aux dispositions directes (2). Il paraît d'après cela que c'est au S. C. pégasien que l'on doit attribuer les dispositions contre les fidéicommis tacites au profit d'incapables, qu'Heineccius a placées dans la loi *Papia Poppœa.* Comment, en effet, cette loi aurait-elle porté des peines contre les fidéicommis tacites destinés à faire passer les biens aux incapables, puisqu'elle permettait à ces incapables de recevoir par des fidéicommis patens? Cette différence entre les dispositions directes et les dispositions fidéicommissaires tenait à ce que les unes étaient considérées comme du droit civil, les autres comme du droit des gens; les *latins juniens,*

(1) Hein. *ad. L. Pap.* cap. 15 *et seq.*

(2) Gaius, comm. II, § 286.

comme les célibataires, ne pouvaient recevoir par les unes et recevaient par les autres.

Du reste, l'incapacité de recevoir les dispositions directes n'était pas sans remède. Un délai de cent jours était accordé pendant lequel le célibataire en se mariant, le latin en devenant citoyen, purgeaient leur incapacité (1).

La loi *P. Poppæa* recula, avons-nous dit, l'époque de l'adition d'hérédité et de la cession du jour des legs. L'hérédité ne reposait irrévocablement sur la tête de l'institué que du jour de l'adition; le legs était acquis au légataire en certains cas lorsque le jour cédait, en d'autres lors seulement de l'agnition ou d'un autre fait, l'option, par exemple, qui ne pouvait avoir lieu qu'après la cession du jour. Plus l'époque de l'adition ou de la cession du jour était reculée, plus il y avait de chances que la disposition ne pût sortir à effet par l'événement de la mort ou de la survenance d'une incapacité dans la personne appelée à la recueillir.

Par la loi *P. Poppæa* il fut défendu d'accepter une hérédité avant l'ouverture du testament, *antè apertas tabulas*, tandis qu'auparavant l'adition pouvait se faire dès la mort du testateur. Ce fut à la même époque que fut reportée la cession du

(1) Ulp. tit. 17, § 1.

jour des legs purs et simples et de ceux à terme ; quant à ceux faits sous condition, elle demeura fixée au jour de l'événement (1).

La règle relative à l'adition d'hérédité ne fut pas néanmoins sans exception, et d'abord il paraît certain que la loi *Papia Poppæa* elle-même permit à l'héritier *ex asse* d'accepter avant l'ouverture du testament (2). Cela paraît au premier aspect une bizarrerie, mais on en trouve la raison dans le but de la loi qui était d'obtenir des biens vacans, dont elle disposait de la manière que nous exposerons bientôt. Or, la défaillance de l'héritier unique *ex asse* faisait tomber tout le testament, et au lieu de donner ouverture aux droits résultant de la loi *Papia*, elle donnait lieu à la succession légitime, sur laquelle cette loi n'étendait pas son empire.

Une seconde exception non moins remarquable fut faite au profit des descendans du testateur. Dans la succession légitime, les descendans du défunt qui se trouvaient sous sa puissance au jour de sa mort étaient, sous le nom d'*héritiers siens*, héritiers de plein droit et dès l'instant du décès, sans avoir besoin de faire adition et sans pouvoir renoncer. Il parut raisonnable d'appli-

(1) Hein. cap. Leg. xxxxv. — Ulp. 24-31.
(2) L. 1, § 4, Dig. *de juris et facti ignorantia.*

quer à ces descendans *siens* les mêmes règles lorsqu'ils étaient institués héritiers, et de faire produire à leur égard le même effet à la vocation du testateur qu'à la vocation de la loi. Lors donc que des personnes qu'un pareil lien unissait au testateur étaient instituées, elles n'avaient pas besoin d'attendre l'ouverture du testament; elles étaient héritières dès l'instant du décès, et pouvaient dès lors transférer leurs droits à leurs propres héritiers (1).

Cette exception fut étendue, par une constitution de Théodose et de Valentinien, à tous les descendans du testateur sans distinction. Ce ne fut plus le lien de puissance domestique, mais le lien du sang que l'on considéra; ce ne fut plus à la qualité de *sien*, de soumis à la puissance du testateur, mais à la qualité de descendant que l'on attacha ce privilége. La même constitution voulut aussi étendre aux legs faits à des descendans les règles de l'institution faite en leur faveur. Toutes les dispositions quelconques leur furent acquises de plein droit du jour du décès (2).

Les dispositions testamentaires étaient donc frappées d'impuissance par la loi *Papia* lorsque

(1) L. 3, Cod. *de jure deliberandi.*

(2) L. un. Cod. *de his qui antè apertas.*

l'appelé était au nombre des personnes que cette loi déclarait incapables, et lorsque dans l'intervalle du décès du testateur à l'ouverture du testament, il mourait ou tombait dans une incapacité quelconque. Ces dispositions eussent été parfaitement valables et eussent sorti à effet, selon les règles du droit civil, c'est-à-dire du droit ancien : c'est pourquoi on les nomma *caduques*, comme ayant reposé sur la tête de l'appelé en vertu du droit civil, et en étant tombées par l'effet de la loi *Papia : Quasi ceciderint ab eo*, dit Ulpien.

Ce sont là les vraies et les seules caduques ; celles que l'on nomma *in causâ caduci* (terme qui n'est pas très exactement rendu par celui de *quasi-caduques*) différaient essentiellement des caduques par l'origine et la nature de la cause qui les empêchait de sortir à effet ; car leur non-validité provenait du droit ancien. Mais la loi *Papia* les assimila aux caduques, en leur en appliquant des règles de dévolution ; elle les soumit au même sort, les plaça dans la même condition, *in causâ caduci*. Nous rechercherons quelles étaient les dispositions que la loi *Papia* fit ainsi participer à la condition des caduques. Mais exposons d'abord quelle était cette condition, c'est-à-dire, à qui et de quelle manière les caduques étaient déférées

CHAPITRE DEUXIÈME.

A QUI ÉTAIENT DÉFÉRÉES LES CADUQUES.

Tous les monumens légaux qui eussent pu nous transmettre la doctrine de la dévolution des caduques par la loi *Papia*, avaient été perdus, et les textes qui y ont quelque rapport, dans les ouvrages qui nous sont restés des jurisconsultes ou des auteurs classiques, n'étaient pas assez explicites pour nous la faire connaître. Tout-à-coup cette doctrine inconnue nous a été révélée par les *Institutes* de Gaius, si heureusement découvertes. Tous les interprètes du droit romain antérieurs à notre siècle croyaient que la loi *Papia* avait confisqué les caduques, ou, pour mieux dire, qu'elle les avait déférées au trésor de l'état, à l'*ærarium*. Quant au privilége que cette loi accordait aux *pères* dans les successions testamentaires, privilége dont les monumens du droit et les livres de divers auteurs étrangers à la jurisprudence fournissaient des témoignages irrécusables, sans expliquer cependant en quoi il consistait, on croyait qu'il n'était autre que ce *jus antiquum* accordé aux enfans du testateur, c'est-à-dire le droit d'arrêter la caducité des dispositions qui leur eussent été déférées par le droit ancien, soit à titre d'accroissement, soit à titre de rétention, et de les obtenir selon les règles du droit antique. Cette interprétation de la loi *Papïa* paraissait si certaine que Cujas corrigea des textes très purs d'Ulpien pour les plier à ce système, et qu'Heineccius et avant lui Godefroi rétablirent sur ces bases le texte de cette loi.

Gaius nous a restitué sur ce point essentiel les vraies dispositions de la loi *Papia;* il nous a appris que ce privilége des *pères* était bien plus considérable qu'on ne le faisait, qu'il consistait dans le droit d'obtenir les caduques, dont étaient privés d'autres héritiers ou légataires. Ainsi les caduques étaient dévolues aux *pères*, c'est-à-dire à celles des personnes nommées dans le testament qui avaient des enfans; et ce n'était qu'à défaut de pères que le fisc était appelé. L'appel du fisc n'était donc point une confiscation, mais seulement la dévolution à l'état de dispositions vacantes, ce qui est de droit commun. Gaius s'exprime ainsi : *Post legem verò Papiam, deficientis portio caduca fit et ad eos pertinet qui in eo testamento liberos habent* (1). — *S. C. pegasiano perindè fidei-*

---

(1) *Inst.* comm. II, § 206.

commissa ac legata, hæreditatesque capere posse prohibiti sunt (COELIBES), *eaque translata sunt ad eos qui testamento liberos habent: aut si nullos* (1) *liberos habebunt ad populum, sicuti juris est in legatis et hæreditatibus* (2). On lit aussi dans le fragment *de jure fisci*, découvert avec les *Institutes* de Gaius : *Sanè si post diem centesimum patres caducum vindicent, omninò fisco locus non est.*

Il est impossible d'enseigner d'une manière plus claire que la loi *Papia* défère les caduques à ceux des héritiers ou des légataires qui ont des enfans; qu'elle les substitue, pour ainsi dire, à ceux qu'elle exclut pour cause de célibat; qu'elle donne aux uns en même temps qu'elle ôte aux autres. Cette doctrine, que Gaius expose *ex professo*, est indiquée comme en passant et quelques fois par simple allusion par les textes de jurisconsultes ou d'auteurs classiques que Cujas, Heineccius et les autres interprètes du droit romain défiguraient ou torturaient pour les concilier avec le système de confiscation des caduques.

On lit dans Ulpien, *Fragm.* tit. 1, § 21 : *Quòd loco non adeuntis legatarii patres hæredes fiunt.* Schulting donne une autre version : *Loco non ad-*

(1) *Nulli*, d'après M. Hugo.

(2) *Inst.* com. II, § 286.

cuntis, eâ lege ærarium hæres fit (1). La seconde est considérée comme peu satisfaisante par Schulting lui-même, la première est la reproduction fidèle de la doctrine de Gaius.

Dans ces mêmes Fragmens d'Ulpien, tit. 25, § 17 : *Si quis in fraudem tacitam fidem accommodaverit ut non capienti fideicommissum restituat, nec quadrantem eum deducere senatus censuit, nec caducum vindicare ex eo testamento*, SI LIBEROS HABEAT. Schulting, d'après Cujas, remplace ces derniers mots par ceux-ci *si ex liberis existat;* correction arbitraire et dont l'inutilité est aujourd'hui bien démontrée.

Le même jurisconsulte range la délation des caduques par la loi *Papia* au rang des manières d'acquérir *ex lege*, ce qui ne serait point exact si l'on ne pouvait acquérir les caduques que par le *jus antiquum : Lege nobis adquiritur velut caducum vel ereptorium ex lege Papiâ Poppæâ* (2).

Dans Juvénal, l'amant d'une femme reproche à son mari les services qu'il lui rend :

Jura parentis habes, propter me scriberis hæres,
Legatum omne capis, nec non et dulce caducum (3).

---

(1) Schulting, *Jus antejustinianeum.*
(2) Ulp. tit. 19. 17.
(3) Juv. *Sat.* 9. v. 87.

Sans doute le *legatum omne* se rapporte aux legs faits au mari, qui n'eût pu en recueillir que la moitié s'il eût été sans enfans, et le *dulce caducum* désigne les dispositions faites au profit d'incapables et que le mari recueillait par son droit de *père*.

Enfin le texte si souvent cité de Tacite, *Ut si à privilegiis parentûm cessaretur, velut parens omnium populus vacantia teneret* (1), s'accorde parfaitement avec la doctrine de Gaius : c'est en quelque sorte comme père commun de tous les citoyens que l'état a droit aux caduques.

De tous ces témoignages on peut conclure avec certitude que la loi *Papia* introduisit un nouveau mode d'acquérir *ex lege*, mode qu'il se faut bien garder de confondre avec les droits d'accroissement et de rétention qui avaient lieu, selon le droit ancien, dans des cas analogues. Ce fut par opposition à ce nouveau droit, que l'on nomma les droits d'accroissement et de rétention *jus antiquum*. Le nouveau droit sur les caduques fut appelé *jus patrum* (2), de la qualité qui le faisait obtenir, et probablement *jus caduca vindicandi*, puisque nous trouvons souvent dans Gaius et dans Ulpien l'expression de *caduca vindicare* (3).

(1) *Ann.* 8. 28.

(2) *Frag. de jure fisci*, § 3.

(3) Ulp. 25-17. — Gaius, comm. II, 207.

Ces deux sortes de droits partaient de principes tout différens. Nous avons vu que le droit d'accroissement, et on peut dire de même de celui de rétention, ne résultait que d'une nécessité de droit ; que celui qui était appelé à recueillir une disposition ne la recueillant pas, elle devait forcément ou obvenir à celui qui y était appelé solidairement avec le défaillant, ou demeurer à celui qui avait été chargé de l'exécuter. Au contraire, le *jus caduca vindicandi* était attribué arbitrairement par la loi, et comme faveur, à un individu qui, dans les règles du droit civil, n'y avait aucun droit. Celui qui exerçait le *jus antiquum* agissait *ex testamento*, celui qui exerçait le *jus patrum* agissait *ex lege*. De là la différence fondamentale de leur position : le premier trouvait son droit dans son propre titre, dans sa personne ; l'autre était substitué par la loi à une personne privée de la disposition, il représentait cette personne et il en exerçait les droits : *Loco non adeuntis*, dit Ulpien, *patres hæredes fiunt;* et Gaius : *Translata sunt ad eos qui testamento liberos habent.* L'appelé par la loi est mis à la place du déchu, la disposition est transférée de l'un à l'autre. De ce principe nous pouvons déduire les règles du *jus caduca vindicandi*, comme du principe contraire nous avons déduit celles du droit d'accroissement. Examinons donc ici, comme dans l'accroissement, à qui ce droit est accordé de préférence, et de quelle manière et à quelles conditions il s'acquiert.

Pour être appelé par la loi *Papia* à recueillir les caduques, il suffisait d'être nommé dans le testament et d'être père même d'un seul enfant, *pater solitarius* (1); mais, comme plusieurs pouvaient réunir ces conditions, il fallait fixer un ordre entre eux. Or, comme le droit aux caduques n'était point fondé, comme le droit d'accroissement, sur l'appel solidaire, mais seulement sur une prescription arbitraire de la loi, l'ordre que l'on suivit fut également arbitraire; on ne se demanda point, pour le fixer, si telle ou telle personne avait par devers elle un titre aux caduques, puisque c'était le titre du défaillant qu'il s'agissait de transmettre. Voici donc cet ordre, que Gaius nous a conservé : *Et quamvis prima causa sit in caducis vindicandis hæredum liberos habentium; deindè, si hæredes liberos non habeant, legatariorum liberos habentium, tamen ipsâ lege Papiâ significatur ut collegatarius conjunctus si liberos habeat, potior sit hæredibus, etiamsi liberos habebunt* (2). Ainsi l'ordre des appelés est : en premier lieu le co-légataire conjoint au

(1) Ulp. *Rub.* tit. VIII.

(2) Comm. II, 207.

défaillant, puis l'héritier, puis les légataires non conjoints.

Il faut savoir ce que Gaius, ou, pour mieux dire, la loi *Papia* (car le jurisconsulte a ici probablement emprunté les expressions de la loi) entend par co-légataire conjoint. Cette expression comprend d'abord indubitablement les *conjuncti re et verbis*, puisque Gaius ne cesse de les nommer simplement *conjuncti*; elle ne peut pas comprendre les *conjuncti re tantùm*, que Gaius et Ulpien nomment toujours *disjuncti*, et pour lesquels on n'a inventé que plus tard cette expression de *conjuncti re*. Mais les *conjuncti verbis* sont compris dans le nombre des premiers appelés aux caduques; Gaius rejette en effet, quant aux droits des caduques, toute distinction entre les conjoints dans un legs *per damnationem*, et ceux qui le sont dans un legs *per vindicationem* : *Sed plerisque placuit, quantùm ad id jus quod lege Papiâ conjunctis constituitur, nihil interesse utrùm per vindicationem an per damnationem legatum sit.* Or, la conjonction réelle ne peut jamais se rencontrer dans les legs *per damnationem*, parce qu'elle consiste dans l'appel solidaire; sitôt qu'il y a assignation de parts entre les co-légataires, il n'y a plus entre eux qu'une conjonction verbale, et c'est ce qui arrive toujours dans les legs *per damnationem*, à cause de la division de plein droit; et si la préférence *in caducis vindicandis* est accordée aux conjoints dans ces derniers legs, quoiqu'ils ne puissent être conjoints que *verbis*, c'est que cette préférence est attachée à la conjonction verbale et non à la conjonction réelle, et elle doit par conséquent être accordée aussi aux *conjuncti verbis* dans les legs *per vindicationem*, parce qu'ils sont conjoints de la même manière que le peuvent jamais être des co-légataires *per damnationem*. Ainsi l'accroissement était attaché à la conjonction réelle, et le droit de préférence *in caducis vindicandis* le fut à la conjonction verbale. Il devait en être ainsi, puisque l'accroissement était basé sur la solidarité et que la solidarité ne se rencontre que lorsque la conjonction porte sur la chose même, tandis que le droit aux caduques n'était fondé que sur une disposition arbitraire de la loi, et que pour déterminer à qui il appartenait, il n'y avait point à sonder des principes, mais seulement à interpréter les termes de la loi. Les jurisconsultes eurent à expliquer le mot *conjuncti* : la terminologie légale de l'époque s'opposait à ce qu'on l'appliquât à ceux que l'on avait coutume de nommer *disjuncti*, et que l'on était loin encore d'appeler *conjuncti re tantùm*. Mais on étendit cette dénomination aux conjoints par les paroles, et avec d'autant plus de raison que le motif qui les excluait de l'accroissement, c'est-à-dire la division qui s'opère entre eux dès le principe, ne pouvait avoir aucune influence sur le droit établi par la loi *Papia*. Cette jurisprudence ayant la première accordé quelques effets à la conjonction purement verbale, il est à présumer qu'elle fut la source de la division tripartite des modes de conjonction, division que nous voyons paraître pour la première fois dans un texte de Paul, la loi 89, Dig. *de legatis* 3°.

Cette loi fameuse, qui a été la base de toutes les discussions sur le droit d'accroissement, n'est que la reproduction fidèle de ce que nous venons de voir dans Gaius, et n'a aucun rapport à la matière à laquelle on l'a si long-temps appliquée. Elle est du nombre de ces fragmens d'anciens jurisconsultes que Tribonien inséra, sans les comprendre, dans sa compilation; elle est extraite du commentaire de Paul *ad legem Juliam et Papiam*, et est ainsi conçue : *Re conjuncti videntur non etiam verbis, cùm duobus separatìm eadem res legatur; item verbis non etiam re :* TITIO ET SEIO FUNDUM ÆQUIS PARTIBUS DO LEGO, *quoniam semper partes habent legatarii. Præfertur igitur omnimodo cæteris qui* ET RE ET VERBIS *conjunctus est; quod si* RE *tantùm conjunctus sit constat non esse potiorem. Si verò* VERBIS *quidem conjunctus sit,* RE *autem non, quæstionis est an conjunctus potior sit? et magis est ut et ipse præferatur.* Tous les auteurs qui ont considéré cette loi comme traitant du droit d'accroissement, en ont donné des interprétations différentes, et aucun n'a pu la concilier avec les autres décisions du Digeste sur l'accroissement; en la rapportant, ainsi que le suggère son inscription même, *Paulus ad legem Juliam et Papiam*, au droit *caduca vindicandi* introduit par la loi *Papia,* elle devient on ne peut plus claire; c'est absolument ce que dit Gaius : le conjoint par la chose et les paroles est préféré aux autres (c'est-à-dire aux autres légataires ou héritiers qui ont des enfans, et non aux autres conjoints); quant au conjoint par la chose, il est certain qu'il n'est point préféré. S'il s'agit d'un conjoint par les paroles seulement, c'est une question que de savoir s'il doit aussi être préféré, mais il y a plus de raison de croire qu'il doit l'être : *Magis est, plerisque placuit.* Ces expressions de Paul et de Gaius se rapportent à la même question et sont équivalentes.

Tel était donc l'ordre suivi dans les legs et les institutions d'héritier; voyons ce qu'il en était des fidéicommis. Nous avons déjà observé, d'après Gaius, que les lois caducaires ne furent appliquées aux fidéicommis que par le S. C. pégasien, et que par conséquent les peines des fidéicommis tacites destinés à frauder la loi durent être portées par ce sénatus-consulte. Cette remarque est confirmée par les expressions *senatus censuit*, dont se servent les jurisconsultes qui traitent de ces peines (1). Elles consistent à être privé de la quarte falcidie sur le fidéicommis, et du droit d'obtenir les caduques du testament; ce qui doit s'entendre non seulement du fidéicommis lui-même, mais de toutes autres dispositions du même testament qui peuvent être caduques.

Si, par contre, le fidéicommis était fait *palàm*, et qu'il vînt à tomber dans un cas de caducité, le fiduciaire était préféré (s'il avait des enfans) pour le droit de demander cette disposition caduque, même aux héritiers : *In fideicommissis potiorem causam habere eum cujus fides electa sit, senatus voluit* (2). Mais, par analogie de ce qui avait lieu dans les legs, il est à présumer que s'il y avait plusieurs fidéicommissaires conjoints, l'un d'eux, pour recueillir la part caduque de l'autre, était préféré au fiduciaire.

De ce que les *pères* étaient appelés par une faveur de la loi à recueillir les caduques et pre-

(1) Ulp. 25-17. — L. 11, Dig. *de his quæ ut indignis.*
(2) L. 60, Dig. *de leg.* 2°.

naient la place du défaillant, il dut s'ensuivre qu'ils n'acquéraient point ces dispositions sans le vouloir ni de plein droit, mais seulement par l'exercice de l'action donnée par la loi. Et en effet, la cause qui rend l'accroissement forcé n'existe point pour les caduques; la part qui accroît à une autre fait partie d'un même legs, le légataire à qui elle accroît a des droits solidaires et ne peut les scinder : mais la part caduque est tout-à-fait indépendante du legs fait à celui à qui elle est déférée; ce sont des droits de natures différentes, et il n'y a rien de contradictoire à ce que l'on accepte l'un et que l'on refuse l'autre. Si d'ailleurs les inductions tirées de la nature du droit aux caduques ne suffisent point pour prouver notre proposition, nous trouvons dans le fragment *de jure fisci* un témoignage certain de son admission dans la jurisprudence romaine : *Sanè si post diem centesimum patres caducum vindicent, omninò fisco locus non est.* De ce texte remarquable on peut conclure d'une manière certaine : 1° que les pères ne pouvaient réclamer les caduques qu'après cent jours : c'est précisément le délai pendant lequel le célibataire pouvait purger son incapacité et satisfaire à la loi en se mariant, et, par conséquent, la disposition faite en sa faveur n'était définitivement caduque qu'après l'expiration de ce délai;

2° que ce délai expiré, ils devaient exercer la vindication des caduques, sans quoi ces dispositions étaient déférées au fisc; car notre texte disant que le fisc est repoussé si les *pères* exercent cette action, suppose nécessairement que le fisc est admis si les *pères* gardent le silence. Ce n'était donc que par la vindication que les *pères* acquéraient les caduques, et ils ne les acquéraient qu'autant qu'ils le voulaient bien.

On peut conjecturer, d'après ces mêmes principes, queles caduques ne devenaient transmissibles qu'après que l'on avait exercé la vindication, à la différence du droit d'accroissement qui se transmet aux héritiers avant d'être exercé; ce serait là encore une conséquence logique de ce que les caduques n'étaient point acquises de plein droit.

Enfin, une autre conséquence importante du principe de la représentation de l'incapable par l'appelé aux caduques, c'est que les caduques obviennent toujours avec toutes leurs charges; ceci est enseigné par Ulpien : *Caduca cum suo onere fiunt : idèoque libertates et legata et fideicommissa ab eo data ex cujus persona hæreditas caduca facta est, salva sunt : scilicet et legata et fideicommissa cum suo onere fiunt caduca* (1). Ainsi l'hérédité cadu-

(1) Ulp. tit. 17.

que ne s'acquiert qu'avec ses charges qui sont les legs et les fidéicommis, et à leur tour les legs et les fidéicommis caducs ne peuvent s'obtenir qu'avec les charges qui peuvent y être attachées; c'est encore le contraire de ce que nous avons établi pour le droit d'accroissement, et cette différence tient encore à la différence de nature des deux droits.

CHAPITRE TROISIÈME.

DES QUASI-CADUQUES.

VOILA donc un nouveau droit introduit à côté de l'ancien, de nouvelles causes qui empêchent l'effet des dispositions testamentaires, un nouveau mode de délation des objets de ces dispositions, un nouveau nom créé pour elles, celui de *caduques*. Mais la loi *Papia* ne se borna point à cela; elle usurpa l'ancien domaine du droit d'accroissement et soumit aux règles caducaires, sous le nom de quasi-caduques (*in causâ caduci*), la plupart des dispositions qui auparavant étaient déférées selon le droit d'accroissement. Cet envahissement eut cependant des bornes : pour assimiler certaines dispositions aux caduques on exigea deux conditions : en premier lieu, qu'elles eussent été valables dans le principe et seulement mises dans le cas de ne pouvoir sortir à effet par un événement postérieur; alors seulement, en effet, on pouvait dire qu'elles étaient tombées de celui qui y était appelé, *quasi ceciderint ab eo;* et secondement, qu'elles fussent ainsi tombées avant que celui qui devait par l'ancien droit les recueillir à défaut du titulaire, eût des droits acquis; car alors celui-là, en acquérant ses propres droits, avait acquis *ipso jure* ceux du défaillant, qui, comme nous l'avons vu, y étaient implicitement compris.

De cette règle générale descendons aux cas particuliers.

Les dispositions nulles dès leur principe ne purent être considérées comme caduques, elles n'avaient jamais existé légalement; on les désignait sous la dénomination de *pro non scriptis*. Elles continuèrent à donner lieu aux droits d'accroissement et de rétention; elles furent, comme par le droit ancien, dévolues aux conjoints ou, à défaut, à ceux qui étaient chargés de les acquitter. Justinien a rappelé cette règle (1), et Heineccius en a fait un chef de la loi *Papia* (2): *In primo itaque ordine*, dit Justinien, *ubi pro non scriptis efficiebantur ea quæ personis jàm ante testamentum mortuis testator donâsset, statutum fuerat ut ea omnia bona manerent apud eos à quibus fuerant derelicta : nisi vacuatis vel substitutus suppositus, vel conjunctus fuerat aggregatus : tunc enim non deficiebant, sed*

(1) L. un. § 3, Cod. *de caducis tollendis.*

(2) Hein. cap. 47.

ad illos perveniebant, nullo gravamine, nisi perrarò, in hoc pro non scripto superveniente.

On peut présumer que ce n'était point seulement les dispositions radicalement nulles à l'époque de la confection du testament, ou déjà frappées d'impuissance par le décès de celui qui y était appelé, que l'on comprit dans la classe des *pro non scriptis*. Peut-être aussi les dispositions conditionnelles dont la condition venait à manquer étaient-elles également de ce nombre : car la défaillance de la condition devait faire considérer la disposition conditionnelle comme n'ayant jamais existé; ce qui est le caractère propre des *pro non scriptis*. On pourrait encore tirer des inductions en faveur de cette opinion de la loi 26, Dig. *de condit. et demonst.*, d'après laquelle la même chose étant léguée à deux personnes, à l'une purement, à l'autre sous condition, il y a lieu à accroissement au profit de la première si la condition ne se réalise point. Si, en effet, la disposition dont la condition a défailli était caduque et non *pro non scriptis*, il y aurait lieu non au droit d'accroissement du conjoint, mais au droit des *pères* sur les caduques. De même la loi 59 du même titre dit que le legs conditionnel est caduc si le légataire décède avant l'événement; mais elle ne parle nullement de la défaillance de la condition, dont il paraissait cependant naturel de parler en ce lieu si elle était également une cause de caducité.

Nous ne pouvons dissimuler cependant qu'il paraît, d'après Justinien, que les dispositions dont la condition était défaillie étaient comptées au nombre des quasi-caduques : *Vel ipsum relictum expirabat (fortè quâdam conditione, sub quâ relictum fuerat, deficiente), quod veteres appellabant* IN CAUSA CADUCI. Pourrait-on croire que le mot *fortè* exprime un doute, et que l'auteur de ce texte a fait une fausse conjecture ?

De quelque manière que l'on décide cette question, il faut du moins se garder d'étendre encore davantage la désignation de *pro non scriptis*, et on doit surtout ne point l'appliquer, comme l'ont fait Cujas et Schulting (1), aux legs faits à des individus tombés plus tard dans la servitude de la peine. La loi 3, de *his quæ pro non scriptis*, dit, à la vérité, que si le légataire, après que le testament a été fait, est condamné *in metallum*, le legs n'appartient point au fisc ; mais cela ne signifie nullement qu'il n'est point caduc, car il est bien démontré aujourd'hui que le legs caduc n'appartenait point au fisc. Si donc ce legs n'est pas

(1) *Jus antejust.* — Ulp. tit. 17. not. 9.

acquis au fisc, c'est par la raison que nous donne cette même loi, que le condamné n'est pas l'esclave du fisc, mais de la peine. S'il était esclave du fisc, le legs serait valable et appartiendrait au fisc; mais son esclavage de la peine étant assimilé à la mort (1), le legs est *in causâ caduci.*

Si la cause qui empêche une disposition de sortir à effet, telle que la mort de l'appelé, arrive dans l'intervalle du testament à la mort du testateur, ou dans celui de l'ouverture du testament à l'adition de l'hérédité, cette disposition se trouve *in causâ caduci* (2). Nous avons vu que celle qui ne pouvait sortir à effet par un événement arrivé entre la mort du testateur et l'ouverture du testament était du nombre des vraies caduques.

Mais après l'adition de l'hérédité par un seul des institués, il ne peut plus y avoir de caducité. Cette adition lui confère tous les droits qui en résultent d'après le droit civil, et par conséquent celui de recueillir les parts des défaillans, soit par droit d'accroissement s'il s'agit de co-héritiers, soit par droit de rétention dans l'hérédité s'il s'agit de légataires. Cela résulte de la loi 53, *de acq. vel omittendâ hæreditate*, dans laquelle il est dit qu'après

(1) L. 59, § 2 Dig. *de condit. et demonst.*
(2) Hein. cap. 48.

l'adition, l'héritier reçoit par accroissement les parts des autres; ce qui ne serait point s'il y avait encore lieu à la caducité : *Qui semel aliquâ ex parte hæres extiterit, deficientium partes etiam invitus excipit, id est tacitè ei deficientium partes etiam invito adcrescunt.* Quant aux légataires conjoints, ils obtiennent le droit d'accroissement entre eux et excluent la caducité du jour de l'acceptation ou agnition du legs, parce que c'est à cette époque que le legs leur est acquis et devient transmissible (1).

Ainsi, en résumé, on doit considérer comme soumises aux règles introduites par la loi *Papia :*

1° Les dispositions faites au profit de ceux que cette loi déclarait incapables.

2° Celles dont l'appelé venait à mourir ou à devenir incapable d'une manière quelconque, ou à répudier dans l'intervalle de la mort du testateur à l'ouverture du testament.

Ces deux premières sortes de dispositions étaient proprement appelées *caduques.*

3° Celles dont l'appelé mourait ou devenait incapable dans l'intervalle du testament à la mort du testateur.

4° Celles dont l'appelé mourait, devenait inca-

---

(1) Gaius, *Inst.* II, 195.

pable ou répudiait avant que ses co-héritiers ou co-légataires eussent acquis leurs droits, mais après l'ouverture du testament.

Les deux dernières sortes de dispositions étaient celles que l'on nommait *in causâ caduci.*

Enfin, on peut conjecturer d'un passage d'Ulpien que les dispositions annulées pour indignité, *quæ indignis auferuntur*, *eripiuntur*, étaient aussi distribuées comme les caduques : *Lege nobis acquiritur velut caducum vel* EREPTORIUM *ex lege Papiâ Poppæâ* (1). Dans l'ancien droit elles étaient dévolues à l'état.

Et d'un autre coté, les dispositions qui demeuraient soumises aux règles du droit ancien, c'est-à-dire à l'accroissement, étaient:

1° Celles *pro non scriptis ;*

2° Celles qui manquaient leur effet par un événement postérieur à l'adition d'hérédité ou à l'agnition de legs de ceux qui étaient appelés à l'accroissement.

Il faut y ajouter aussi les legs d'usufruit, auxquels ne s'appliquèrent point les lois caducaires. Les legs d'usufruit ne purent être soumis à ces lois, parce que l'usufruit est attaché à la personne et s'éteint par son incapacité ou sa mort,

---

(1) Ulp. tit. 19, § 17.

de sorte qu'il ne reste plus rien à pouvoir transférer à un autre. C'est parce que l'accroissement fut conservé dans ces legs et supprimé dans les autres pour la plupart des cas, que nous trouvons dans le Digeste un titre *de usufructu accrescendo*, et aucun sur l'accroissement en général (1).

Telles étaient à peu près toutes les dispositions de la loi *Papia* sur les caduques; mais il y eut certaines personnes privilégiées qu'elle excepta de ses prescriptions et auxquelles, selon l'expression pompeuse de Justinien, *jugum suum imponere erubuit.* Ces personnes demeurèrent donc soumises à l'ancien droit, et obtinrent tout ce que l'ancien droit leur aurait donné. Ce fut ce privilége que l'on nomma *jus antiquum in caducis.* Il est facile de penser qu'il consistait dans le droit d'accroissement et sans doute aussi dans le droit de rétention des dispositions caduques dont on était chargé.

Le *jus antiquum in caducis* était accordé aux ascendans et descendans du testateur jusqu'au troisième degré: *Item liberis et parentibus testatoris usque ad tertium gradum lex Papia jus antiquum dedit: ut hæredibus illis institutis, quòd quis ex eo testamento non capit, ad hos pertineat aut totum*

(1) Hein. cap. 55.

aut ex parte, prout pertinere possit (1). Ce premier mot *item* fait supposer qu'il était question, dans les phrases précédentes d'Ulpien, d'autres personnes à qui le *jus antiquum* avait été aussi conservé : ce sont les empereurs et les impératrices. *Princeps legibus solutus est : augusta autem, licet legibus soluta non est, principes tamen eadem illi privilegia tribuunt quæ ipsi habent* (2). On sait que souvent le mot de *leges* désignait les seules lois *Julia et Papia* (3); c'est évidemment dans ce sens qu'il est pris dans ce fragment extrait du commentaire d'Ulpien *ad legem Juliam et Papiam;* et cependant, placée dans le titre du Digeste *de legibus*, cette règle, qui n'établit qu'un privilége de droit civil, semble poser le principe du pouvoir absolu.

Heineccius et la plupart des anciens auteurs pensaient que le *jus antiquum* appartenait aussi à ceux qui avaient des enfans. Nous avons déjà remarqué qu'avant la découverte de Gaius, on ignorait complétement que la loi *Papia* conférât aux *pères* le droit de réclamer les caduques; que cependant on savait que cette loi accordait un certain privilége aux *pères*, et que l'on en con-

---

(1) Ulp. tit. 18.

(2) L. 31, Dig. *de legibus*.

(3) Heinec., lib. 1, cap. 1, § 4.

clut que ce privilége était le *jus antiquum*. Aujourd'hui que nous savons que les caduques étaient dévolues aux *pères*, nous voyons clairement qu'il s'agit du *jus caduca vindicandi* dans les textes où les anciens interprètes avaient cru voir la concession, en faveur des *pères*, du *jus antiquum in caducis*. Dès lors il n'y a plus aucune raison de croire que les *pères* jouissaient du *jus antiquum*.

On peut enfin douter si ceux à qui le prince avait accordé le *jus liberorum* avaient dans les testamens le *jus antiquum*, ou bien le *jus caduca vindicandi*. Il paraîtrait plus rationnel de croire que cette faveur du prince les dispensait seulement des peines du célibat, mais n'allait pas jusqu'à leur accorder les récompenses de la paternité, et qu'en conséquence ils obtenaient le *jus antiquum*, mais non le *jus vindicandi caduca*. Cependant l'opinion contraire se fonderait sur ce mot même de *jus liberorum*, qui semble indiquer qu'ils étaient mis dans la même position que s'ils avaient eu des enfans.

L'examen que nous venons de faire des diverses dispositions de la loi Papia amène cette conclusion :

Que cette loi n'innova rien aux règles du droit d'accroissement;

Que seulement elle introduisit à côté de ce droit un nouveau mode de délation des biens vacans d'une hérédité, mode pour lequel elle fonda des règles toutes spéciales et presque en tout directement opposées à celles du droit d'accroissement;

Qu'elle appliqua ce mode de délation aux caduques, qu'elle créa, et en même temps à la plupart des dispositions qui seraient tombées dans un cas d'accroissement;

Que d'ailleurs, pour les autres cas dans lesquels elle laissa subsister l'accroissement, il s'opéra absolument de la même manière que sous le droit antérieur.

Troisième Partie.

DU DROIT D'ACCROISSEMENT, dans la législation de Justinien.

Justinien en l'année 534 abolit les caduques et se trouva conduit par là à refondre la législation sur le droit d'accroissement; il opéra ces importantes innovations par une constitution qui forme le titre de son code *de caducis tollendis*. Cette constitution est loin de présenter un système nouveau et régulier du droit d'accroissement; elle n'offre qu'un mélange assez incohérent de débris rassemblés des divers systèmes des législations antérieures; certaines de ses dispositions sont renouvelées du droit antique, certaines sont empruntées à la loi *Papia*, ou même ont leur cause dans des lois plus récentes encore. Il faut donc, pour l'intelligence de cette constitution, restituer à son origine chacune des pièces de nature différente dont elle se compose, et rechercher surtout comment les variations successives de la législation ont amené les règles adoptées par Justinien. C'est, en un mot, l'histoire plus que le raisonnement qui peut nous donner la clef des dispositions du droit nouveau sur l'accroissement. Nous commencerons donc par examiner les variations que subit la législation sur cette matière dans l'intervalle de la loi *Papia* à Justinien.

CHAPITRE PREMIER.

DES MODIFICATIONS QU'ÉPROUVA LE DROIT D'ACCROISSEMENT DEPUIS LA LOI PAPIA JUSQUES A JUSTINIEN.

Il s'en faut de beaucoup qu'à l'époque ou fut promulguée la constitution *de caducis tollendis*, toutes les règles de la loi *Papia* fussent encore en vigueur : loin de là, la confusion était complète dans la matière de l'accroissement, et elle dérivait des dérogations faites successivement tant à cette loi qu'aux règles de l'accroissement selon le *jus antiquum*.

Ce fut d'abord une dérogation bien importante à la loi *Papia* que la constitution par laquelle Antonin (*Caracalla*) adjugea au fisc toutes les caduques : *Hodiè ex constitutione Imperatoris Antonini omnia caduca fisco vindicantur* (1). Heineccius et la plupart des auteurs anciens entendaient par ces expressions que Caracalla transféra le droit de recueillir les caduques du trésor public (*ærarium*)

(1) Ulp. *Frag.* tit. 17.

au trésor du prince (*fiscus*) (1) : car tous ces auteurs, comme nous l'avons dit, croyaient que la loi *Papia* avait déféré les caduques au trésor public. Aujourd'hui que l'on sait par Gaius que les caduques n'étaient point par la loi *Papia* déférées au trésor, mais aux *pères qui in testamento liberos habent*, cette interprétation ne saurait plus être admise, et le sens le plus plausible qu'on puisse donner à ce texte d'Ulpien, c'est que Caracalla retira aux pères l'avantage d'obtenir les caduques, pour les attribuer au fisc; qu'il abolit le *jus patrum*, *jus caduca vindicandi*, que nous avons expliqué ci-dessus, et le remplaça par la confiscation. On conçoit très aisément que les motifs qui sous Auguste avaient voulu qu'on encourageât la procréation des enfans n'existassent plus sous Caracalla, et que ce prince saisît une occasion favorable d'augmenter ses revenus. Cette interprétation du fragment cité est confirmée par les expressions qui en sont la suite : *Sed servato jure antiquo liberis et parentibus*. Cette réserve aux enfans et aux ascendans de leur privilége du *jus antiquum* se conçoit très bien dans une loi qui établit une confiscation que l'on pourrait étendre au préjudice de ces personnes privilégiées; mais si la con-

(1) Heinecc. *ad cap.* IV. *leg. caducariæ*.

stitution n'avait pour objet que de transférer au fisc les droits de l'*ærarium*, qu'avaient à faire à cela les priviléges des enfans et des ascendans, et de quelle utilité pouvait-il être de faire pour eux une réserve formelle du *jus antiquum* ?

On peut trouver difficile de concilier l'abolition du *jus caduca vindicandi* par Caracalla avec divers textes de Paul et de Gaius qui expliquent et développent ce droit; mais Paul était contemporain de Caracalla et a pu traiter du droit des caduques avant la constitution qui l'abolit ; il peut même en avoir traité postérieurement, et avoir expliqué, en commentant la loi *Papia*, les dispositions abrogées de cette loi aussi bien que celles qui étaient encore en vigueur. Quant à Gaius, on sait qu'il est plus ancien que Paul.

La constitution de Caracalla supprima donc les priviléges accordés aux *pères* par la loi *Papia* dans la dévolution des dispositions caduques, et les supprima au profit du fisc, au lieu de replacer sous les règles de l'accroissement les dispositions qui y avaient été soustraites pour être attribuées aux *pères*.

Une telle modification en appelait une autre. Après avoir supprimé les priviléges de la paternité, il était conséquent d'abolir les peines du célibat : c'est ce qui fut fait par une constitution des fils de Constantin, que quelques auteurs attribuent à Constantin lui-même. Les célibataires et les mariés sans enfans furent désormais capables de recevoir, comme toute autre personne, les dispositions faites en leur faveur (1). Les idées chrétiennes, si favorables au célibat et à la continence, durent inspirer cette nouvelle dérogation à la loi *Papia*.

Si ces modifications du régime caducaire étaient grandes, celles qu'éprouva le droit d'accroissement, dans les cas où la loi *Papia* l'avait laissé subsister, ne le furent pas moins.

La distinction fondamentale entre les legs de propriété et les legs d'obligation fut fortement ébranlée par le S. C. néronien. Ce sénatus-consulte étendit à toutes les espèces de legs la force et les effets qui étaient attribués spécialement à celui *per damnationem*. Il voulut que lorsqu'un legs fait par un autre mode était nul par suite des règles particulières de l'espèce à laquelle il appartenait, et aurait été valable s'il eût été fait *per damnationem*, on le considérât comme fait de cette dernière manière et par conséquent comme parfaitement valable. Il faisait disparaître les nullités qui ne tenaient qu'à la formule par laquelle

(1) L. 1, *Cod. de infirm. pœnis cœlibatûs et orbitatis.*

le legs avait été fait. *Eo Senatu Consulto ea tantùm confirmantur quæ verborum vitio jure civili non valent* (1). Ainsi, par exemple, la chose d'autrui ne pouvait, selon le droit ancien, être léguée que *per damnationem;* le sénatus-consulte néronien valida un tel legs fait *per vindicationem.* Cette fiction qui faisait considérer un legs de propriété comme legs d'obligation et en faisait naître une action personnelle, était bizarre, absurde même : elle était toute dans l'intérêt des légataires, et n'eut probablement d'autre but que de faire qu'il y eût moins de nullités dans les legs que l'empereur exigeait qu'on lui laissât. Mais, précisément parce qu'elle était dans l'intérêt des légataires, on ne la poussa point aux dernières conséquences, on ne lui fit point produire les effets qui eussent été défavorables aux légataires. Si l'on eût assimilé sous tous les rapports les legs *per vindicationem* à ceux *per damnationem*, il eût fallu rejeter l'accroissement, parce qu'il n'était jamais admis dans ces derniers. Le même legs fut considéré comme fait *per damnationem* afin qu'il pût donner des droits à une chose étrangère au testateur, et fut regardé comme legs *per vindicationem* afin que l'accroissement y fût admis. C'est une véritable

(1) Gaius, *Inst.* II, 218.

confusion de tous les principes de l'ancien droit sur la distinction des legs.

C'était là un acheminement à l'abolition de toute distinction et à la réunion de tous les legs en une seule espèce; Justinien fit ce dernier pas : ne voyant qu'une vaine subtilité dans une distinction qu'il ne comprenait pas, il déclara qu'il voulait donner des lois aux choses et non aux mots, ne reconnut qu'une seule espèce de legs, et accorda aux légataires les deux actions à la fois, réelle et personnelle, dont chacune était auparavant l'attribut de l'une des deux espèces de legs (1). Un autre fait qui ne fut point sans influence sur le système d'accroissement de Justinien, et que sous ce rapport nous ne devons point négliger, c'est l'introduction dans la jurisprudence du principe de l'intention présumée du testateur, devenu le fondement du legs à la place de l'ancienne formule légale.

Les règles de l'accroissement avaient été aussi modifiées en ce qui concerne les charges; un rescrit de Sévère soumit les substitués à toutes les charges imposées à l'institué. On conclut de là par analogie que celui qui venait par accroissement étant en quelque sorte substitué au défail-

(1) L. 1 et 2, Cod. *communia de legatis*.

lant, devait subir les mêmes charges (1); mais il n'est guère possible de savoir si cela fut admis généralement pour tous les cas d'accroissement ou pour certains seulement. Les termes dans lesquels Justinien établit que l'accroissement aura lieu avec les charges, ne permettent guère de croire que cette disposition fût généralement en vigueur avant lui, et on peut présumer que le rescrit de Sévère n'était appliqué qu'à ceux qui étaient appelés à l'accroissement, non en vertu d'une conjonction, mais en vertu de l'indivisibilité de la succession; ceux-là, en effet, plutôt que les conjoints pouvaient être considérés comme substitués par la loi à leurs co-héritiers. L'espèce de la loi 61, *de leg.* 2°, est relative à un héritier légitime. On peut croire que la règle s'étendait aussi à l'héritier testamentaire, qui ne recevait la part de son co-héritier qu'en vertu de la règle *Nemo pro parte testatus*, etc.; mais il est plus difficile d'assimiler à un substitué le légataire conjoint, qui est formellement appelé à la totalité dans le principe. Quoi qu'il en soit, cette jurisprudence introduite sur le rescrit de Sévère fut encore une atteinte portée à la régularité du système du droit d'accroissement.

---

(1) L. 61, Dig. *de legatis* 2°.

Voici donc quel était l'état de la législation sur cette matière importante quand Justinien entreprit de la rectifier.

L'abolition de la distinction des legs de propriété et d'obligation avait sapé la base du système du droit ancien; car cette base était la distinction des cas ou les co-appelés avaient *initio solidum*, et de ceux où ils avaient *initio partes*; et cette distinction gisait dans celle des deux espèces de legs, puisque le legs de propriété emportait l'appel solidaire, tandis que le legs d'obligation emportait la division de plein droit.

L'accroissement était devenu rare depuis la loi *Papia* : le *jus caduca vindicandi*, établi par cette loi, avait été abrogé par la constitution de Caracalla, et l'on trouvait également dans les écrits des jurisconsultes des règles sur chacun de ces deux droits, l'un complétement détruit, l'autre réduit excessivement par la confiscation. Ces règles présentaient des contradictions choquantes, parce que, quoique faites pour des matières qui avaient une grande analogie, elles reposaient sur des principes tout différens. La confusion était extrême dans la matière de l'accroissement, parce qu'on y englobait les règles du *jus caduca vindicandi*. Une réforme était nécessaire; Justinien l'entreprit, mais il ne put tarir la source de l'erreur, parce que lui-même, en compilant, prit pour règles de l'acccroissement ce que les anciens jurisconsultes n'avaient écrit que pour le droit des caduques.

CHAPITRE DEUXIÈME.

EXPOSITION DE LA DOCTRINE ADOPTÉE PAR JUSTINIEN SUR LE DROIT D'ACCROISSEMENT.

JUSTINIEN se propose pour but d'abolir la confiscation des biens vacans dans les hérédités, et de rétablir les règles de l'ancien droit pour la dévolution de ces biens. Il commence par déclarer qu'il accorde à tout le monde le *jus antiquum*, que la loi *Papia* avait conservé aux enfans et ascendans des testateurs (1). Nous allons voir en quoi il a véritablement retrouvé et rétabli les règles du *jus antiquum*, en quoi il a puisé dans celles de la loi *Papia*, les prenant sans doute pour celles du droit ancien.

Il y avait trois sortes de biens vacans : les *pro non scriptis*, les *in causâ caduci*, et les *caduques* proprement dits (2). Nous avons indiqué précédemment quelles dispositions étaient désignées sous ces divers noms : les caduques étaient, avons-

(1) Princ. Cod. *de cad. tollendis.*

(2) § 2. *ibid.*

nous dit, celles laissées à des *cœlibes* ou *orbi*, et celles qui manquaient leur effet par un événement arrivé entre la mort du testateur et l'ouverture du testament. Constantin avait aboli l'incapacité des *cœlibes* et *orbi;* Justinien permet, comme sous l'ancien droit, d'accepter la succession sans attendre l'ouverture des tables et fixe au jour de la mort du testateur la cession du jour des legs (1). Dès lors plus de caduques, et il ne reste que les *pro non scriptis* et les quasi-caduques dont on ait à s'occuper. La première de ces dénominations comprend les dispositions nulles dès le moment de la confection du testament; la seconde, celles qui, valables à cette époque, manquent leur effet par un événement postérieur quelconque. Il ne faut point perdre de vue cette distinction, parce que Justinien règle d'une manière différente pour ces deux sortes de biens vacans, et le droit de rétention dans l'hérédité, et le droit d'accroissement.

Nous passerons sous silence ce qui dans cette constitution *de caducis tollendis* a rapport au droit de rétention dans l'hérédité, qui n'est point de notre sujet. Quant aux règles de l'accroissement, examinons successivement celles qui ont trait aux hérédités et celles qui régissent les legs.

---

(1) § 1, Cod. *de cad. tollendis.*

Le droit d'accroissement est admis dans l'hérédité par le droit de Justinien comme par le droit ancien, dans tous les cas, qu'il y ait ou non conjonction, en vertu du principe *Nemo pro parte testatus* etc. La conjonction n'y est considérée que dans cet effet, que tous les conjoints ne comptent que pour une personne. Les mêmes conséquences que tirait le droit antique de cette règle sont aussi admises par le droit nouveau (1).

C'était une conséquence nécessaire du principe *Nemo pro parte testatus*, que l'accroissement dans l'hérédité fût forcé, nul ne pouvant accepter une partie de l'hérédité et répudier l'autre; elle est également admise par Justinien. Il eût fallu encore logiquement admettre cette autre, que l'accroissement s'opère sans les charges; au lieu de cela Justinien distingue : les dispositions *pro non scriptis* accroissent sans les charges, les autres avec les charges (2). On considère donc, dans les dernières du moins, le co-héritier à qui la part accroît comme représentant ou substitué du défaillant; mais pourquoi cette distinction? Cujas (3) en donne cette raison, que lorsque la disposition est

---

(1) § 10. *cod de cad toll.*

(2) § 3 et 4 *cod. de cad. tollendis.*

(3) Comm. *in tit. de cad. toll.*

comme non écrite, la charge est également comme non écrite et ne peut sortir à effet. Mais alors, dans le cas où la disposition tombe après avoir été valable, pourquoi la charge ne tomberait-elle pas également ? L'une et l'autre de ces dispositions sortent à effet au profit d'un autre que celui pour qui elles étaient faites ; pourquoi l'une demeure-t-elle accompagnée des charges, et l'autre en est-elle dépouillée? Doneau en donne une autre raison : on peut représenter celui qui est déchu d'un droit, mais non celui qui n'en a jamais eu. Cela signifierait que dans les *pro non scriptis* le co-héritier viendrait *jure suo* ou par une nécessité de droit, et dans les autres comme substitué par la loi au défaillant. Mais si son propre droit ou une nécessité de droit suffisent à l'héritier d'une portion pour qu'il puisse prétendre aux portions vacantes, qu'a-t-il besoin d'une fiction légale qui le substitue au défaillant? Et si, au contraire, c'est une fiction qui est la source de son droit d'accroissement, comment se fait-il qu'il ait encore ce même droit quand la fiction cesse? Ce serait en vain qu'on chercherait dans le raisonnement les motifs de ces dispositions ; ils ne se trouvent que dans l'état de la législation à l'époque où elles ont été promulguées. Les *pro non scriptis* même, après la loi *Papia*, étaient demeurés soumis au droit d'accroissement, et comme tels obvenaient sans les charges. Les quasi-caduques, au contraire, avaient été soustraites aux règles de l'accroissement et soumises à celles du *jus caduca vindicandi*, en vertu desquelles celui à qui elles obvenaient était mis à la place du défaillant et comme tel subissait les charges. Justinien laissa dans les *pro non scriptis* le droit d'accroissement tel qu'il était; mais en le rétablissant dans les quasi-caduques, il y introduisit les règles auxquelles ces dispositions étaient soumises sous l'empire de la loi *Papia*.

Néanmoins, cette règle que l'accroissement a lieu avec les charges souffre exception quand il s'agit de charges qui sont de nature à ne pouvoir être accomplies que par la personne à qui elles sont imposées, et insusceptibles d'être transférées à une autre (1). Il est probable que ceci encore est emprunté à la loi *Papia*, car Justinien invoque l'autorité d'Ulpien, qui certainement n'avait point écrit de tels principes sur le droit d'accroissement, mais qui avait pu les développer dans son commentaire sur la loi *Papia*.

Venons-en maintenant aux legs.

Justinien admet le droit d'accroissement dans tous les legs et dans les fidéicommis même : il

(1) § 9, *de cad. tollendis.*

avait déjà aboli la distinction des diverses espèces de legs, et assimilé les fidéicommis aux legs; il devait donc soumettre tous les legs et fidéicommis à une même règle pour le droit d'accroissement. Il ne tira cette règle ni des principes du legs *per vindicationem*, ni de ceux du legs *per damnationem*, mais de la loi *Papia;* et on conçoit aisément qu'il dut en être ainsi, puisqu'en abolissant la distinction des legs il avait détruit la base de l'accroissement dans le droit antique, la distinction des cas où le legs était divisé dès le principe et de ceux où les légataires étaient appelés chacun à la totalité. L'action personnelle emportait la division de plein droit, l'action réelle au contraire la solidarité du legs, à moins qu'il n'y eût la clause *æquis partibus*. Quand à chaque legs furent attachées ensemble et l'action personnelle et l'action réelle, il ne fut plus possible de distinguer si les légataires conjoints avaient *initio partes*, ou *inito solidum*; mais, comme l'on tendait, par la faveur généralement accordée aux legs, à se rapprocher du legs *per damnationem*, appelé dès long-temps *optimum jus legati* (1), l'action personnelle fut prédominante, et l'action réelle ne fut accordée que secondairement et comme

(1) Gaius, comm. II, 197.

pour plus de sûreté (1). Dès lors la division, de plein droit inséparable de l'action personnelle, se rencontra dans tous les legs, et en lui refusant l'effet qu'elle devait avoir d'empêcher l'accroissement, on ne put plus baser ce droit sur un appel solidaire qui n'existait point, et on recourut à la substitution légale de la loi *Papia*.

Il est bon d'observer que ceci ne se rapporte qu'aux légataires conjoints, et non aux disjoints ou conjoints par la chose seulement. Il est évident, en effet, que ceux à qui la même chose est léguée à chacun par une disposition séparée ont chacun droit à la totalité; à leur égard l'appel solidaire existe incontestablement, et Justinien au lieu d'étendre leurs droits, les a resserrés en prohibant qu'il eussent l'un la chose, l'autre le prix, ce qui se pratiquait dans les legs *per damnationem* (2). De là une différence fondamentale entre l'accroissement entre disjoints et l'accroissement entre conjoints; l'un était fondé, comme dans l'ancien droit, sur l'appel solidaire, l'autre sur une fiction légale de représentation. Mais, avant d'exposer les distinctions qui résultent de cette

---

(1) *Non solùm personalem actionem præstare, sed et in rem.* Leg. 1. Cod. *communia de legatis.*

(2) § 11, *de cad. toll.*

différence, tâchons d'expliquer ce que Justinien entend par conjoints; ces conjoints, à qui il accorde le droit d'accroissement, sont-ils seulement les *conjuncti re et verbis*, ou bien encore les *conjuncti verbis tantùm?*

La distinction même que fait Justinien entre les *conjuncti* et les *disjuncti* prouve que sous le terme de *conjuncti* il comprend les conjoints par les paroles. L'ancienne législation ne distinguait pas, parce que, du moins dans les legs *per vindicationem*, elle considérait les *conjuncti re et verbis* comme ayant aussi bien que les *disjuncti* le total du legs chacun; la conséquence en était l'admission de l'accroissement sur le même pied pour les uns et les autres. Justinien n'a pu les admettre à l'accroissement comme représentant les défaillans, qu'en les considérant comme ayant eu leurs parts faites dès le principe; car, s'il eût conservé l'ancienne idée qu'ils étaient appelés solidairement, il n'eût pas eu besoin, pour les admettre à l'accroissement, de cette représentation fictive; et s'il a considéré les *conjuncti re et verbis* comme ayant *initio partes*, quelle différence a-t-il pu reconnaître entre eux et les *conjuncti verbis tantùm?* Toute celle qui se trouvait dans l'ancienne législation consistait en cela même que les uns etaient appelés solidairement et les autres divisément, et encore n'existait-elle que pour les legs *per vindicationem*. Justinien n'eut plus aucun motif de les distinguer. Si l'accroissement est un droit que l'on tire de son propre titre, il faut être appelé solidairement, et c'est alors la conjonction réelle qui doit lui donner naissance; si, au contraire, c'est un droit de substitution légale, il n'est plus nécessaire d'avoir un titre, la loi vous conférant celui de votre conjoint, et la conjonction verbale seule doit suffire. Voilà ce qui dut faire que dans l'ancien droit les conjoints par les paroles furent repoussés de l'accroissement, et qu'ils y furent admis dans le droit nouveau.

C'était d'ailleurs par imitation de la loi *Papia* que Justinien admettait les *conjuncti verbis*; dans cette loi aussi, les conjoints par les paroles avaient droit de préférence *in caducis vindicandis*, et cela parce que la vindication des caduques était accordée par substitution à l'incapable. Justinien ayant admis le principe de substitution dut admettre la conséquence; il dut prendre le mot de *conjuncti* dans le même sens que l'avait employé la loi *Papia*.

Voilà donc, dans le système de Justinien, deux droits d'accroissement bien distincts, celui des *disjuncti* et celui des *conjuncti* : le premier a pour base l'appel solidaire, le second une fiction légale de substitution; le premier est un reste du droit antique, le second a été puisé dans la loi *Papia*. Ces bases établies, il est très vrai de dire que par le premier on retient seulement tout ce qui vous a été laissé, on évite de perdre, et que par le second on acquiert la part d'un autre, on gagne. Nos anciens auteurs ont rendu avec énergie cette distinction en appelant l'un *jus accrescendi*, l'autre *jus non decrescendi*; et ces dénominations qui, appliquées à l'ancien droit, ne peuvent qu'y porter la confusion et être la source de mille erreurs, sont, lorsqu'on traite du droit de Justinien, l'expression la plus claire et la plus exacte des principes fondamentaux de la matière: de là découlent facilement toutes les règles sur la manière dont s'opère l'accroissement.

S'agit-il du droit d'accroissement proprement dit, on représente son conjoint: donc l'accroissement n'est pas forcé, car c'est un legs tout-à-fait distinct qu'il fait acquérir; donc l'accroissement a lieu avec toutes les charges, parce que représentant son conjoint pour les profits, on doit le représenter pour les obligations.

S'agit-il du droit de non-décroître, on l'obtient par son propre titre : donc il s'opère de plein droit et forcément, parce qu'on ne peut scinder son titre; donc il a lieu sans aucune charge, parce qu'on ne représente pas le co-légataire disjoint à qui elles étaient imposées (1).

Mais il est un point important sur lequel cette doctrine est en défaut. Ce que nous avons dit des *pro non scriptis*, que l'accroissement s'y opère sans les charges, est établi d'une manière générale et s'applique autant au legs qu'à l'hérédité (2). Si donc celui à qui il a été fait un legs de la classe des *pro non scriptis* a un co-légataire conjoint, ce dernier aura le droit d'accroissement; mais cet accroissement sera-t-il basé sur la représentation? non, puisque le legs n'ayant jamais existé, il ne peut y avoir lieu à la susbtitution légale; et d'ailleurs on ne lui donne pas cette base, puisqu'on dispose qu'il a lieu sans les charges. Sera-t-il fondé sur l'appel solidaire? non, puisque nous avons supposé les co-légataires conjoints et non disjoints. Pourquoi donc y aura-t-il lieu à l'accroissement? parce que le droit classique l'admettait dans ce cas, et que Justinien a copié les dispositions spéciales du droit classique, sans en restituer les principes fondamentaux.

---

(1) § 11, *de cad. toll.*

(2) § 3, *ibid.*

Quatrième Partie.

DE L'ACCROISSEMENT EN DROIT FRANÇAIS.

CHAPITRE PREMIER.

DE LA DOCTRINE DES AUTEURS ANTÉRIEURS AU CODE.

Nous avons déjà annoncé que la loi en vigueur en France sur le droit d'accroissement ne fut autre, jusqu'à la promulgation du code civil, que le droit romain.

Mais, de même que Justinien avait défiguré le système du droit ancien, les jurisconsultes français ne furent pas toujours exempts de fausser le système de Justinien.

On se rappelle que la constitution impériale *de caducis tollendis* distinguait deux sortes d'accroissemens, que quelques auteurs désignèrent avec justesse par les dénominations de *jus accrescendi*, et *jus non decrescendi* ;

Que ce dernier seul était fondé sur l'appel solidaire, et l'autre au contraire sur une substitution tacite et présumée;

Que le droit de non-décroître appartenait aux disjoints ou *conjuncti re*, et celui d'accroissement aux conjoints ;

Que cette dénomination générale de conjoints comprenait les conjoints *re et verbis* et les conjoints *verbis tantùm*, et que les uns et les autres étaient considérés comme n'ayant point en leur faveur la vocation solidaire.

Les interprètes du droit romain qui ont formé le droit français s'efforcèrent de concilier ce qui était inconciliable, la doctrine de Justinien et celle des jurisconsultes antérieurs. Ils virent des lois du Digeste considérer les *conjuncti re et verbis* comme jouissant de la vocation solidaire, et d'autres exclure du droit d'accroissement les *conjuncti verbis tantùm*; ils en conclurent que dans la constitution de Justinien le mot *conjuncti* ne désignait que les conjoints par la chose et les paroles, et que ces conjoints étaient considérés par ce prince, aussi bien que par les anciens jurisconsultes, comme appelés solidairement.

Ainsi fut donc corrompu le système de Justinien : on accorda le *jus non decrescendi* aux *conjuncti re tantùm*, le *jus accrescendi* aux *conjuncti re et verbis*, ni l'un ni l'autre aux *conjuncti verbis tantùm*, et on se fonda sur ce que les *conjuncti re et verbis* avaient, disait-on, la vocation solidaire, tandis que les *conjuncti verbis tantùm* ne l'avaient point.

On réduisit par là les deux espèces d'accroissement à n'avoir plus qu'une origine commune, la vocation solidaire. Mais dès lors se présenta une objection qui suffit seule pour détruire le système entier : si les *conjuncti re* jouissent de l'accroissement à cause de la vocation solidaire, et les *conjuncti re et verbis* aussi à cause de la vocation solidaire, pourquoi le droit des uns n'est-il pas le même que celui des autres? pourquoi est-ce chez les uns *non-décroissement*, chez les autres *accroissement?* pourquoi le même principe ne conduit-il pas aux mêmes conséquences?

Cette grave difficulté n'échappa point à Cujas; il s'en tira par une subtilité : les uns et les autres sont à la vérité, dit-il, appelés solidairement; mais pour les uns la vocations olidaire est expresse, pour les autres elle est tacite; ou bien, comme dit Furgole répétant l'opinion de Cujas, les uns sont dans la réalité légataires de la totalité, les autres ne le sont que par fiction (1). On pourrait contester la vérité en fait de cette observation et

---

(1) *Des Testamens*, ch. 9-86.

demander si la vocation solidaire n'est pas aussi formelle quand on dit : *je lègue à Pierre et à Paul*, que lorsqu'on dit : *je lègue à Pierre, je lègue à Paul.* L'ancien droit romain ne faisait nulle distinction entre les deux cas ; mais d'ailleurs qu'importe que la vocation soit expresse ou tacite, pourvu qu'elle existe ? Qu'importe qu'elle soit écrite dans le testament, ou qu'on l'y suppose par une fiction légale ? N'est-ce pas toujours la vocation solidaire, et cette différence puérile peut-elle faire que les règles de l'accroissement soient toutes différentes, que dans un cas il ait lieu de plein droit, forcément et sans les charges, et que dans l'autre il soit volontaire et entraîne les charges avec lui ?

Le peu de fondement d'une telle doctrine ne tarda point à être senti, et la jurisprudence tendit à détruire toute distinction entre accroissement et non-décroissement, et à rétablir l'unité dans les règles de la matière.

Furgole lui-même, qui suit Cujas quand il s'agit de décider si les charges accroissent avec la portion, enseigne quelques pages plus loin, peu conséquent avec lui-même, que la distinction entre le droit d'accroissement et le droit de non-décroissement est une vaine subtilité (1) ; cette

---

(1) *Des Testamens*, ch. 9-135.

distinction fut également rejetée par les autres auteurs et notamment par Pothier (1).

Le droit d'accroissement ainsi réuni en une seule espèce eut donc pour base fondamentale le principe de l'appel solidaire, modifié cependant par cet autre principe, *qu'il faut suivre l'intention présumée du testateur;* principe transmis aussi par Justinien et adopté généralement par le droit français. De la combinaison de ces deux principes paraît être sortie cette doctrine, que l'accroissement dérive de la volonté du testateur, mais que cette volonté ne se reconnaît qu'à l'appel solidaire.

L'admission de cette doctrine dans l'ancienne jurisprudence française ressort clairement de tout ce que nos jurisconsultes antérieurs au code ont écrit sur l'accroissement; mais il est curieux surtout, pour apprécier à quel point on s'était écarté de la pureté du droit romain, de voir comment l'un des auteurs dont l'influence sur notre législation récente a été la plus grande, Domat, présente la base du droit d'accroissement, les causes des difficultés qu'il fait naître, et le moyen de les lever :

(1) *Des Testamens*, ch. VI, § 5.

« On peut remarquer comme une suite des réflexions qu'on vient de faire sur le droit d'accroissement, tant entre co-héritiers testamentaires qu'entre légataires, que comme cet accroissement est seulement du droit positif, au lieu que dans les successions légitimes on peut dire qu'il est du droit naturel, c'est un effet de cette différence entre ces deux sortes d'accroissement, que pour celui qui est naturellement acquis aux héritiers légitimes, on ne voit pas qu'il en naisse de difficultés, au lieu qu'il en naît plusieurs de l'accroissement dans les dispositions testamentaires, comme on le voit par expérience dans le droit romain : car encore qu'il y soit parlé de l'accroissement dans les successions légitimes, on n'y voit des difficultés et des questions pour le droit d'accroissement que dans les successions testamentaires; ce qui vient de ce que le droit d'accroissement dans les successions légitimes étant une suite nécessaire d'un principe simple et naturel qui est le droit que donne la loi à l'héritier d'avoir la succession entière quand il se trouve seul, rien n'est plus facile que de connaître si ce droit a lieu. Mais, au contraire, le droit d'accroissement dans les dispositions des testateurs dépend de deux principes arbitraires et sujets à de différentes interprétations : l'un est la volonté des testateurs, dont les dispositions peuvent ou donner lieu au droit d'accroissement, ou faire qu'il n'y en ait point, et l'autre est la jurisprudence des différentes règles que le droit romain a établies sur cette matière; de sorte que, comme l'on peut dire que ces règles n'y sont pas expliquées avec l'ordre et la netteté nécessaires pour les bien entendre, ainsi qu'on pourra en juger par la suite, et que les dispositions des testateurs qui se trouvent mal expliquées et les différentes combinaisons des circonstances que font naître les événemens, rendent souvent incertaine la connaissance de leur volonté et l'application des règles qui peuvent y convenir, cette matière du droit d'accroissement a été rendue si difficile, que quelques interprètes ont dit qu'il n'y en a aucune, dans tout le droit, qui le soit autant, quoiqu'il soit vrai qu'il n'y en a point dont l'usage soit moins nécessaire, puisqu'il aurait été facile de se passer des règles du droit d'accroissement si on l'avait borné aux successions légitimes et aux cas où le testateur l'aurait ordonné. Cette jurisprudence simple et facile aurait épargné bien des règles et bien des procès, et sans aucun inconvénient : car quel serait l'inconvénient si la part qu'un des héritiers testamentaires ne pourrait ou ne voudrait prendre demeurait à l'héritier légitime, l'autre héritier testamentaire ayant ce que le testateur avait voulu lui donner? ou si ce qu'un des légataires laisserait ou ne pourrait prendre demeurait à l'héritier, l'autre légataire se contentant de ce qui lui revenait par le testament (1)? »

Dans ces paroles de Domat on reconnaît une doctrine qui est tirée du droit de Justinien, mais qui néanmoins est bien distincte de tout ce qu'enseigne le droit romain et porte en elle des caractères d'originalité. L'accroissement est bien loin d'être l'effet d'une nécessité de droit, comme il l'était dans l'ancien droit romain; il n'est plus que le résultat d'une interprétation de la volonté du testateur, interprétation que la loi a faite arbitrairement et qu'elle eût pu faire d'une tout autre manière, sans blesser aucun principe d'équité ni de logique. Deux principes fondent l'accroissement, la volonté du testateur et *les règles de la jurisprudence romaine*, c'est-à-dire la solidarité; car la solidarité est la base que la jurisprudence romaine assigne à l'accroissement. Ricard et Pothier de leur côté posent d'une manière qui paraît presque exclusive le principe de la solidarité, mais on voit dans toutes leurs décisions qu'ils le subordonnent sans cesse à l'intention présumée du testateur.

(1) Lois civiles, liv. III, tit. I, sect. 9.

Le principe de la solidarité admis, il ne fut plus question d'accorder l'accroissement aux *conjuncti verbis tantùm ;* mais une difficulté non moins grave s'éleva : toute assignation de parts constitue-t-elle une conjonction purement verbale, et est-elle exclusive de la vocation solidaire et du droit d'accroissement ? Certains auteurs adoptaient l'affirmative (1); d'autres distinguaient si l'assignation des parts était dans la disposition ou dans l'exécution, c'est-à-dire, si le testateur avait entendu ne laisser à chacun que sa part, ou bien n'avait fait qu'indiquer un mode de partage pour le cas de concours. Cette question subtile, qui, comme toutes celles qui s'élèvent sur l'interprétation d'un acte, ne se peut guère présenter deux fois sous la même apparence, est demeurée entière sous le code civil.

Quand on eut confondu les droits d'accroître et de non-décroître, on eut à choisir entre les règles bien différentes de l'un et de l'autre pour déterminer comment s'opérerait l'accroissement. Serait-ce forcément et sans les charges, comme dans l'ancien droit de non-décroître ? Serait-ce avec liberté de refuser, mais en ne pouvant

---

(1) Voir un arrêt rapporté par Soëfve I, II, III, et cité par Pothier, *des Testam.* ch. 6, § 4.

accepter que sous la condition de subir les charges, comme dans l'ancien droit d'accroissement proprement dit ?

Le principe de l'appel solidaire militait en faveur de l'accroissement forcé, mais sans charges; car si l'on est appelé par son propre titre, on ne peut exercer ses droits pour partie seulement, et d'un autre côté on n'a pas à subir les charges imposées à autrui.

Mais le principe non moins puissant de l'interprétation de la volonté du testateur exigeait, au contraire, que l'accroissement eût lieu avec les charges; car il était bien à présumer que le testateur avait voulu que ces charges fussent exécutées, sinon par celui à qui il les avait imposées, du moins par celui qui profiterait du legs à sa place; si l'accroissement entraînait les charges, il devait pouvoir être refusé, parce qu'il eût été de toute injustice de ne point laisser au légataire la faculté de comparer les charges et le profit, et de n'accepter qu'en connaissance de cause.

De ce conflit de principes naquit une grande dissidence entre les auteurs, et tous, il faut le dire, se décidèrent par des présomptions et des raisons d'équité, les plus incertains des argumens judiciaires. Furgole (1) admet la distinction de Jus-

(1) Ch. 9, 86.

tinien entre les *conjuncti re* et les *conjuncti verbis*; Pothier (1) la rejette entièrement comme subtile, et enseigne que toujours l'accroissement se fait avec les charges et qu'il n'est jamais forcé; Ricard (2) adopte un parti mixte, et soutient que les charges accroissent avec la portion dans tous les cas sans distinction, mais ensuite qu'il faut distinguer entre les conjoints par la chose seulement et ceux qui le sont par la chose et les paroles, pour savoir si l'accroissement est forcé.

Voici donc, en résumé, quelle était comparativement au droit romain l'ancienne jurisprudence française sur le droit d'accroissement : les deux principes de l'intention du testateur et de l'appel solidaire, distincts dans la législation de Justinien, avaient été combinés, et les deux sortes d'accroissement avaient été réunies en un droit unique. De cette simplification était résultée une grande incertitude dans les règles sur la manière dont s'opère l'accroissement et sur les effets qu'il produit. Enfin toute la chaleur de la discussion s'était portée sur la question nouvelle de l'assignation de parts qui a lieu dans la disposition ou dans l'exécution. Nous allons voir comment de cette jurisprudence est née la doctrine du code.

---

(1) *Des Test.* c. 6, § 5.

(2) *Des Donations*, 3ᵉ partie, c. 5, 550 et 556.

CHAPITRE DEUXIÈME.

DES DISPOSITIONS DU CODE SUR L'ACCROISSEMENT ET QUEL EST LEUR SENS VÉRITABLE.

Les matériaux du code sur ce sujet se bornent à un article du projet et à un autre article proposé par la cour de cassation comme modification du premier. La rédaction définitive n'est conforme ni à l'un ni à l'autre, et on ne trouve aucune discussion dans les travaux préparatoires du conseil d'état.

L'article du projet du code était ainsi conçu : « Il n'y a lieu à accroissement au profit des léga-« taires que dans le cas où la chose a été léguée à « plusieurs conjointement.

« Le legs n'est réputé fait conjointement que « lorsqu'il l'est par une seule et même disposition, « et que le donateur n'a pas assigné la part de « chacun des co-légataires dans cette chose. »

La cour de cassation proposait de remplacer cet article par celui-ci :

« Il y a lieu à accroissement au profit des co-« légataires soit qu'une même chose naturellement « non susceptible de division ait été léguée à deux

« ou plusieurs individus par une ou diverses dis-
« positions, soit qu'un objet naturellement sus-
« ceptible de division ait été légué à deux ou
« plusieurs par une seule et même disposition,
« sans assignation de la part de chacun des co-
« légataires dans cette chose (1). »

Enfin la rédaction définitive porte :

« Art. 1044. il y aura lieu à accroissement au
« profit des légataires dans le cas où le legs sera
« fait à plusieurs conjointement.

« Le legs sera réputé fait conjointement lors-
« qu'il le sera par une seule et même disposition, et
« que le testateur n'aura pas assigné la part de
« chacun des co-légataires dans la chose léguée.

« 1045. Il sera encore réputé fait conjointement
« quand une chose qui n'est pas susceptible d'être
« divisée sans détérioration aura été donnée par le
« même acte à plusieurs personnes même séparé-
« ment. »

En examinant successivement ces trois textes, on voit qu'aucun ne s'est expliqué sur la distinction des droits d'accroissement et de non-décroissement, ni sur la manière dont doit s'opérer l'accroissement. Ces questions ont été laissées à la

---

(1) Observations du trib. de cassation sur le projet de code civil, pag. 382. — Paris, de l'imp. de la rép. an x.

doctrine; c'est pourquoi nous nous sommes proposé de les traiter séparément, après avoir soumis à un examen préalable la rédaction des articles 1044—45. Les rédacteurs du code ne s'occupèrent que de régler le cas où il y a lieu à accroissement; et si on compare l'article du projet avec les amendemens proposés et la rédaction définitive, on peut remarquer :

1° Que l'article du projet par ces termes : *Il n'y a lieu*, etc., n'admettait l'accroissement qu'entre légataires conjoints par la chose et les paroles, et le rejetait aussi bien entre les conjoints par la chose seulement qu'entre ceux qui ne le sont que par les paroles. Cela est assez clair, la tournure de la phrase est exclusive, et ce n'est que dans le cas de conjonction *re et verbis* que l'on peut dire que le legs est fait par une seule et même disposition, et que le donateur n'a pas assigné la part de chacun. La première de ces conditions manque à la conjonction réelle, et la seconde à la conjonction verbale.

2° Que l'article de la cour de cassation est plus extensif : il distingue le cas où l'objet du legs est une chose *non susceptible de division*, de celui où il en est susceptible. Dans le premier cas il admet l'accroissement entre les personnes à qui la chose a été léguée par une ou par diverses dispositions;

par une, cela comprend sans doute les *conjuncti re et verbis* et les *conjuncti verbis tantùm*; *par diverses dispositions*, cela a trait aux *conjuncti re* : dans le second cas, c'est-à-dire si la chose léguée est susceptible de division, cet article exige que le legs ait été fait *par une seule et même disposition et sans assignation de parts*, ce qu'on ne rencontre que dans les *conjuncti re et verbis*. Le sens de cette proposition de la cour suprême est donc, que si la chose est indivisible, il y a lieu à accroissement pour les trois espèces de conjonctions, et que si elle est divisible, il n'est admis que pour la conjonction mixte *re et verbis*.

3° Que les rédacteurs du code ont modifié le projet primitif d'après l'observation de la cour de cassation. Le projet n'admettait l'accroissement que pour une seule espèce de conjonction, la cour de cassation proposait de l'admettre pour les deux autres dans un cas particulier, celui d'indivisibilité de la chose léguée. On adopta cette modification; mais seulement pour ce qui concerne les *conjuncti re*, repoussant toujours les *conjuncti verbis*. De là la rédaction définitive divisée (pour plus de clarté apparemment) en deux articles, dont le premier (1044) admet généralement l'accroissement lorsque le legs est fait par une seule et même disposition, et sans assignation de parts, c'est-à-dire incontestablement entre *conjuncti re et verbis*; et le second (1045) exige l'indivisibilité de la chose léguée pour l'admettre quand la même chose a été léguée par le même acte à plusieurs personnes séparément, c'est-à-dire quand les légataires sont *conjuncti re tantùm*. Il n'est plus parlé des *conjuncti verbis*, qui se trouvent par conséquent exclus dans tous les cas. Le système du code est donc absolument conforme à l'idée de la cour de cassation, si ce n'est en ce qui concerne l'exclusion absolue des *conjuncti verbis*, et encore une légère différence dans les termes qui expriment l'indivisibilité de la chose léguée. La cour de cassation disait : *naturellement non susceptible de division*, le code dit : *non susceptible d'être divisée sans détérioration*. Ces derniers termes sont plus larges, plus extensifs, mais ils ont le défaut d'être plus vagues.

Le sens naturel des deux articles 1044 et 1045 est donc que l'accroissement a toujours lieu entre *conjuncti re et verbis*, qu'il n'a lieu entre *conjuncti re* que lorsque la chose leguée n'est pas susceptible d'être divisée sans détérioration, et jamais entre *conjuncti verbis*.

M. Proudhon (1) leur donne cependant un sens

---

(1) *Droit d'usufruit*, tom. II, § 734 et suiv.

bien différent. Ce savant auteur observe qu'il est absurde d'accorder plus facilement l'accroissement aux *conjuncti re et verbis* qu'aux *conjuncti re tantùm*, et en cela nous ne le contredirons point; mais il en conclut qu'il n'est pas possible que ce soit là ce qu'a entendu le code. Nous n'admettrons point cette conséquence : ce serait poser en principe l'infaillibilité de nos législateurs. Voici l'ingénieuse interprétation que propose M. Proudhon.

Les expressions *même séparement*, qui terminent l'art. 1045, ne signifient point *par dispositions séparées*, ne sont pas la traduction des mots *disjunctìm* ou *separatìm* du droit romain, mais elles sont l'antithèse de l'art. précédent qui appelle *fait conjointement* le legs fait par une seule et même disposition *sans assignation de parts*; de telle sorte qu'elles signifient le legs fait par une seule et même disposition, mais *avec assignation de parts*. On voit que M. Proudhon fait porter l'opposition des cas de ces deux articles, non sur l'unité ou la diversité des dispositions, mais sur l'assignation de parts; il traduit donc ainsi l'art. 1045 :

Le legs sera encore réputé fait conjointement quand une chose qui n'est pas susceptible d'être divisée sans détérioration, aura été donnée par la même disposition à plusieurs personnes, même avec assignation de parts.

Cette version, qui vaudrait mieux comme correction que comme interprétation, conduit son auteur à ces résultats :

Que la conjonction mixte donne toujours lieu à l'accroissement proprement dit ;

Que la conjonction verbale y donne lieu quand la chose leguée ne peut être partagée sans détérioration ;

Et que la conjonction réelle donne lieu, par une nécessité de droit, au droit de non-décroissement, précisément parce que le code n'en a point parlé.

L'effet de cette interprétation est, on le voit, de transférer à la conjonction verbale ce que le code a dit de la conjonction réelle, afin de pouvoir librement ensuite régler par la doctrine les effets de celle-ci.

MM. Ducaurroy (1) et Holtius (2) ont combattu cette doctrine par les armes d'une logique rigoureuse et convaincante : aux puissantes raisons qu'ils ont données, on pourrait en ajouter une tirée de la manière dont on a formé les articles

(1) *Thémis*, tom. VI, pag. 317.
(2) *Thémis*, tom. X, p. 338.

en question. Nous avons vu qu'ils étaient calqués sur l'observation de la cour de cassation, que c'était de cette observation qu'on avait pris l'admission de l'accroissement des *conjuncti re tantùm*, puisque le projet primitif le rejetait, que c'était aussi de cette observation qu'on avait pris la restriction apportée à cet accroissement, la condition d'indivisibilité de la chose léguée. Les articles définitifs ont été rédigés sur cette observation et *sans aucune discussion*. Il n'est donc pas possible que les rédacteurs aient entendu appliquer à un cas ce que les magistrats appliquaient à un autre, et le code doit s'interpréter par la remarque de la cour de cassation. Or, si l'on reporte les yeux sur le texte de cette observation, on se convaincra sans peine qu'il établit un sens directement contraire à celui que propose M. Proudhon. Si les termes du code, *même séparément*, sont susceptibles d'une interprétation subtile qui peut faire naître quelques doutes, les termes *par une ou diverses dispositions*, qui leur correspondent dans la rédaction de la cour de cassation, les font cesser aussitôt.

CHAPITRE TROISIÈME.

D'OU ONT ÉTÉ TIRÉES LES DISPOSITIONS DU CODE CIVIL.

Après avoir exploré le sens des dispositions du code sur l'accroissement, nous avons à rechercher dans quelles sources on les a puisées, pour pouvoir découvrir le principe sur lequel le code a fondé l'accroissement, et en déduire des règles pour les questions dont on ne peut trouver la solution dans son texte.

On a présenté les dispositions du code comme conformes au droit romain. L'observation de la cour de cassation, dont nous avons donné le texte, porte pour unique motif : *cette rédaction est conforme aux règles du droit romain*. La même assertion se trouve dans le rapport du tribun Jaubert (1).

Mais de quel droit romain a-t-on tiré les articles 1044 et 1045? Est-ce du droit ancien ou de celui de Justinien? Ils ne sont conformes ni à l'un ni à

(1) *Cod. civ. et motifs*, tom. IV, p. 359.

l'autre. L'ancien droit romain mettait sur la même ligne les conjoints par la chose seulement et les conjoints par la chose et les paroles; Justinien traitait plus favorablement les conjoints par la chose seulement; le droit français, au contraire, traite plus favorablement les conjoints par la chose et les paroles.

D'où est venue cette erreur capitale qui dépare ces dispositions du code civil? On en trouve les traces dans les doctrines d'époques bien reculées, et elle a dû naissance à l'usage si commun de disputer sur les mots, et à l'abus des divisions tripartites. En voyant trois sortes de conjonctions, *re*, *verbis*, *re et verbis*, les anciens interprètes pensèrent que la troisième devait produire plus d'effets que les deux autres, comme réunissant en elle seule les qualités et les propriétés de chacune d'elles; il en firent la conjonction par excellence : c'est ce qu'on peut voir dans Duaren, qui, après avoir enseigné que l'accroissement a lieu entre *re conjuncti*, ajoute: *Quòd multò magis dicendum est de his qui re simul et verbis conjuncti sunt* (1). Cette idée de la prééminence de la conjonction mixte paraissait confirmée par cette règle : qu'entre plusieurs conjoints, les uns

(1) *De jure accr.*, lib. 1, cap. x.

re tantùm, les autres *re et verbis*, ces derniers jouissent entre eux de l'accroissement à l'exclusion des premiers; et par la loi 89, *de legatis* 3°, dans laquelle on croyait lire cette règle, mais qui a pour objet en réalité, ainsi que nous l'avons démontré, tout autre chose que l'accroissement.

C'est sans doute par la même erreur de raisonnement que les rédacteurs du code ont été conduits à regarder comme plus favorable la conjonction mixte que la conjonction réelle.

Cette erreur cesse de paraître aussi inconcevable qu'on le croirait au premier coup d'œil, lorsqu'on la voit partagée et défendue par un esprit aussi éclairé que le savant M. Toullier: « Cette limitation mise par le code au droit d'ac« croissement, accordé autrefois sans distinction « aux légataires conjoints par la chose seulement, « est conforme à la raison; il ne paraissait pas « juste de leur supposer, dans l'intention du tes« tateur, des droits aussi étendus qu'aux légataires « conjoints par la chose et par les paroles (1). »

Ce principe de l'excellence de la conjonction mixte une fois posé, on dut lui donner quelque effet. On admit l'accroissement sans restriction pour les conjoints *re et verbis*, et seulement en cas

(1) Tom. v, 688.

d'indivisibilité de la chose léguée pour les conjoints par la chose seulement. Certes, ceci encore n'était point pris du droit romain; et dans l'ancien droit, comme dans celui de Justinien, nous n'avons vu jouer aucun rôle à l'indivisibilité dans le système de l'accroissement. Mais la doctrine du divisible et de l'indivisible avait fait aussi de grands progrès dans l'école, et l'on était généralement très enclin à lui donner une importance et une extension que le droit romain était bien loin de lui accorder. On peut trouver encore dans Duaren un exemple de son introduction dans la matière de l'accroissement : cet auteur admet l'accroissement dans les contrats lorsque la chose est indivisible, le rejetant lorsqu'elle se peut diviser (1). Ce n'est point à dire que les rédacteurs du code aient puisé leur décision dans Duaren; mais, de même que cet auteur a accordé à l'indivisibilité cette influence sur l'accroissement dans les contrats, les rédacteurs du code ont pu être conduits à lui en accorder une analogue sur l'accroissement dans les legs, et voir, dans la circonstance de l'indivisibilité de la chose léguée, un indice de l'intention du testateur de donner lieu au droit d'accroissement.

(1) Lib. 1, cap. 15.

C'est ainsi que les auteurs du code ont été entraînés d'une erreur à une autre, et il est difficile de justifier cette assertion des documens officiels, que leur doctrine est conforme au droit romain. Non seulement elle n'est point tirée des sources pures de ce droit-modèle, mais nous dirons même qu'elle n'est point conforme au droit romain tel que l'avaient fait nos jurisconsultes français, Ricard, Furgole, Pothier; car dans aucun d'entre eux on ne trouve cette singulière limitation du droit d'accroissement entre conjoints par la chose. Mais, d'ailleurs, il suffit de lire ce que ces auteurs ont écrit sur l'accroissement, pour se convaincre que c'est là la véritable source à laquelle ont puisé les rédacteurs du code. C'est d'après eux que l'on a exclu de l'accroissement les conjoints par les paroles, c'est à leur exemple que l'on n'a plus distingué entre le droit d'accroître et celui de non-décroître, c'est d'eux aussi que nos auteurs modernes empruntent la distinction entre l'assignation de parts qui a lieu dans la disposition, et celle qui n'est que dans l'exécution.

CHAPITRE QUATRIÈME.

QUELLE EST LA BASE DU DROIT D'ACCROISSEMENT D'APRÈS LE SYSTÈME DU CODE.

Nous pouvons maintenant déterminer avec quelque précision la base sur laquelle se fonde le droit d'accroissement dans notre nouvelle législation. La doctrine des auteurs antérieurs au code nous l'indique : c'est la solidarité, mais une solidarité tacite et suppléée d'après la volonté présumée du testateur.

Or, cette solidarité est bien différente de celle qui, dans l'ancien droit romain, donnait naissance à l'accroissement.

Sous cette législation, on distinguait des legs de propriété et des legs d'obligation. On considérait l'obligation comme divisible de plein droit, la propriété comme un droit indivis et solidaire jusqu'à attribution de parts. De là, il y avait solidarité bien réelle entre les co-légataires, ou bien il n'y en avait aucune, selon qu'ils étaient co-propriétaires ou co-créanciers, selon que le legs était de propriété ou d'obligation. Aujourd'hui, au contraire, si l'on excepte les legs universels qui confèrent la saisine légale, et dont nous parlerons bientôt, tous nos legs sont des legs d'obligation; tous créent une obligation de l'héritier, et donnent une action personnelle au légataire. Les actions réelles qui en résultent ne sont que des accessoires, des garanties; le principal est l'action en délivrance.

Si tout legs est une créance contre l'héritier ou légataire universel, il faut convenir avec M. Proudhon (1) que cette solidarité tacite n'est point d'accord avec le système général du code en matière de solidarité. Si on suivait les principes ordinaires, on devrait dire que chacun a sa portion distincte et qu'il n'y a point de solidarité; car en règle générale elle ne se présume point, et chez nous comme sous le droit romain une obligation se divise de droit entre plusieurs créanciers quand il n'y a clause formelle de solidarité : c'est ce que nous voyons dans les contrats et les donations. Le droit anté-justinianéen admettait cette conséquence même dans les legs; le droit français l'a rejetée par faveur pour les testamens, et a admis entre les co-légataires une solidarité résultant de la volonté présumée du testateur. Mais cette solidarité tacite

(1) N° 630.

et intentionnelle est-elle de même nature et peut-elle produire les mêmes effets que la vraie solidarité, telle que celle qui résulte d'une convention expresse? Nous ne saurions le croire, et nous inclinerions à penser que, différentes dans leur origine, elles doivent également différer dans leurs effets. L'espèce de solidarité qui existe entre légataires conjoints ne résulte que de l'intention du testateur; c'est aussi l'intention du testateur qu'il faut scruter pour en connaître l'étendue et en déterminer les règles, plutôt que de recourir aux principes de la solidarité dans les contrats.

Or, croit-on que le testateur en léguant conjointement ait voulu que chacun des légataires eût le droit de demander le tout, et que l'héritier fût dument libéré en payant à un seul? N'est-il pas plus vraisemblable qu'il a voulu laisser à chacun le tout, mais seulement *si l'autre ne venait point à partage?*

Tel est le véritable sens dans lequel il faut entendre la solidarité entre légataires conjoints : elle est conditionnelle et n'existe véritablement qu'au profit de celui qui reste seul après la défaillance de l'autre. Si ce sens nous est suggéré par le principe de l'intention présumée, il n'est pas moins fortement appuyé de preuves historiques. Cujas, comme nous avons déjà vu, distinguait entre la solidarité formelle et la solidarité tacite ou introduite par une fiction de la loi. Il créait ainsi une doctrine qui n'était point dans le droit romain; car Justinien, pour admettre l'accroissement proprement dit, n'exigeait pas de vocation solidaire. Il présumait que le testateur aurait préféré que la part caduque tombât au conjoint plutôt qu'à l'héritier, et ordonnait en conséquence que les conjoints auraient chacun leur part, et que si l'un défaillait, l'autre pourrait, s'il le voulait, obtenir le tout. Certes, il n'est nullement question là de la solidarité. Duaren exposait plus exactement la doctrine de Justinien, quand il disait que les conjoints même *re et verbis* ont chacun leur part, mais que le testateur laisse à chacun d'eux la totalité si l'autre est défaillant. C'était le système de la substitution tacite réciproque. Mais la doctrine de Cujas a été adoptée par les auteurs modernes et par les rédacteurs du code; à défaut de vraie solidarité, on a voulu en avoir une ombre, et c'est pour cela qu'on n'a admis à l'accroissement que les conjoints *re et verbis*.

Réduite à n'être que l'effet de cette intention du testateur de léguer le tout à un seul si l'autre ne recueille point, la solidarité qui existe entre légataires conjoints est plutôt nominale que réelle, et on ne voit guère en quoi elle peut différer d'une substitution vulgaire réciproque. Aussi M. Proudhon reconnaît qu'il y a *identité dans les effets* (1), et les différences qu'il indique tiennent plus à la forme qu'à toute autre chose. Il faut donc reconnaître que dans le système du code ce n'est point un droit de non-décroissement qui est accordé aux co-légataires, mais un droit d'accroissement proprement dit, c'est-à-dire un droit nouveau qui dépend de la défaillance du co-légataire, et n'est point attaché par essence au droit de recueillir sa propre portion.

Cette doctrine, objectera-t-on, peut être vraie pour les conjoints par la chose et les paroles, mais il doit en être différemment pour les conjoints par la chose seulement; pour eux, c'est une véritable solidarité et un droit de non-décroissement. Oui, répondrons-nous, si l'on raisonne en théorie et abstraction faite de la loi écrite; non, si on suit les dispositions du code. Le code a commencé par accorder le droit d'accroissement aux conjoints *re et verbis* (1044); il a passé ensuite aux conjoints *re tantùm*, et leur a accordé ce même droit, mais dans le cas seulement d'indivisibilité du legs : il les traite donc avec moins de faveur, et toute doctrine qui leur accorderait plus qu'aux conjoints *re et verbis* serait contraire à ses préceptes. On voit

(1) N° 642.

d'ailleurs que le droit qu'il leur accorde n'est nullement distingué de celui des conjoints *re et verbis*, il ne faut donc pas distinguer dans leurs effets.

CHAPITRE CINQUIÈME.

DE QUELLE MANIÈRE S'OPÈRE L'ACCROISSEMENT

De ce que le code n'a point renouvelé la distinction de deux droits d'accroissement, distinction rejetée par la jurisprudence antérieure, il faut conclure qu'il n'en admet plus qu'une seule espèce; et de ce qu'il admet principalement ce droit, dans le cas de conjonction mixte, il s'ensuit qu'il a voulu adopter l'accroissement tel qu'il avait lieu sous Justinien pour cette sorte de conjonction, c'est-à-dire l'accroissement proprement dit et non le droit de non-décroissement; et l'on doit, complétant la doctrine du code par celle de Justinien et des anciens auteurs français, considérer celui qui profite de l'accroissement comme appelé à prendre la place du défaillant, en vertu d'un droit particulier ouvert par la caducité du legs. De là il s'ensuivra que le co-légataire ne pourra prétendre à la totalité du legs que dans le cas où il y aura caducité prouvée; que pour exercer le droit d'accroissement il devra fournir la preuve de l'événement qui lui aura donné ouverture, mais qu'il ne pourra réclamer le tout quand son co-légataire gardera le silence. Il est vrai que l'expression de solidarité dont on se sert pour exprimer le rapport entre les deux legs semble conduire à ce que chacun puisse agir pour le tout; mais cette solidarité n'est que conditionnelle, et c'est à celui qui veut en profiter de prouver l'événement de la condition. On peut d'ailleurs juger les résultats auxquels on aboutirait en accordant à chaque légataire l'action pour le total : un seul se ferait délivrer le legs, et les autres auraient aussitôt perdu tout droit contre l'héritier, et ne pourraient plus avoir action que contre leur co-légataire, qui pourrait être insolvable. Un tel inconvénient n'existait pas dans l'ancien droit romain; le droit d'accroissement n'avait lieu que pour les legs de propriété qui ne conféraient qu'une action réelle, et il importait assez peu au légataire d'exercer cette action contre l'héritier ou contre son colégataire déjà nanti.

Il faut aussi décider par les mêmes principes que l'accroissement n'est jamais que volontaire et qu'on ne peut y appliquer la règle que le legs ne peut être scindé: telle est l'opinion de Pothier, de M. Proudhon et de M. Toullier.

Mais aussi celui qui veut profiter de l'accroissement doit subir les charges attachées à la portion qu'il accepte ; c'est ce qu'enseignent les mêmes auteurs, qui adoptent aussi sur ce point l'exception créée par Justinien pour les charges attachées à la personne même du légataire défaillant. Cette exception est toute naturelle et conforme à l'esprit du code. On nomme personnelles les charges qui tiennent à la profession, au talent ou à la position particulière d'un légataire, et qui par conséquent ne peuvent être exécutées qu'en personne ; elles sont essentiellement insusceptibles d'être transférées à un autre.

Ces principes sont consacrés par un arrêt de la cour de Turin du 26 août 1806 (1), arrêt très remarquable par la position toute particulière des faits. La charge qui fut jugée devoir passer d'un héritier répudiant à son co-héritier qui avait accepté, était un legs de l'usufruit d'une maison appartenant au premier; legs qui eût été nul s'il eût été mis directement à la charge du second, parce que c'eût été à son égard un legs de la chose d'autrui, mais qui fut jugé valable pour lui, comme il l'était pour le premier, comme legs de la chose de l'héritier.

---

(1) Dalloz, tom. VI, p. 191.

Il faut reconnaître, cependant, que toutes ces décisions ne sont point applicables aux legs universels comme aux legs particuliers. Les légataires universels ont la saisine légale et n'ont pas à demander délivrance à des héritiers. Cette différence entre eux et les légataires particuliers est assez analogue à celle des legs de propriété et d'obligation dans le droit romain, et elle ne laisse pas de produire des effets importans. La saisine est de sa nature indivisible, et on ne concevrait pas un légataire universel saisi de la moitié des biens, un héritier de la loi saisi de l'autre moitié; comment ne point admettre dès lors que, de deux légataires universels, si l'un garde le silence, l'autre ne puisse se mettre en possession de la totalité? Comment ne point admettre aussi que, à défaut de l'un, l'autre ne soit forcé d'accepter la succession pour le tout? Car comment sans cela conserverait-il son titre de légataire universel?

Il faut donc en revenir au système de Justinien, qui forçait l'accroissement entre co-héritiers institués, et les soumettait néanmoins aux charges. Il est à présumer que les auteurs du code ont voulu s'y reporter, puisqu'ils ont déclaré adopter les dispositions du droit romain. On ne peut se dissimuler cependant que c'est là renouveler une distinction proscrite par le code, celles des institutions et des legs; mais la loi qui réunit sous le même nom deux choses diverses peut-elle faire disparaître entièrement les différences qui existent dans leur essence?

C'est là d'ailleurs l'unique différence qu'on puisse admettre, en matière d'accoissement, entre les legs particuliers et les legs universels. Nous verrons bientôt que ces derniers, non moins que les autres, sont soumis aux règles des articles 1044 et 1045.

CHAPITRE SIXIÈME.

QUESTIONS DIVERSES.

Il nous reste, après avoir recherché l'esprit et le sens des dispositions du code sur l'accroissement à examiner diverses questions qu'elles ont fait naître ; nous tâcherons de les présenter successivement dans l'ordre naturel des matières.

Et d'abord, il a paru à la plupart des auteurs récens que le code admet implicitement une cause d'ouverture de droit d'accroissement que le droit romain rejetait et que notre ancienne jurisprudence n'admettait point : c'est l'indignité.

On s'est fondé, pour soumettre aux règles de l'accroissement la portion d'un co-héritier ou colégataire indigne, sur un raisonnement qui séduit d'abord par une apparence de simplicité et de logique. Le droit romain, dit-on, ne refusait l'accroissement dans ce cas que parce qu'il y avait confiscation ; cette confiscation est abolie par nos anciens usages et par le silence même du code. Le code se contentant de révoquer la disposition faite au profit de l'indigne, sans désigner qui doit la recueillir à sa place, n'a voulu sans doute la déférer qu'à ceux qui l'eussent obtenue à défaut de l'indigne. Or, à défaut de l'indigne, c'eût été d'abord son co-légataire conjoint, puis l'héritier. Cette opinion tend à donner à la déclaration d'indignité un effet rétroactif, et à mettre sur la même ligne les choses enlevées pour indignité et celles non recueillies à cause d'incapacité ou de renonciation.

Or, il existe entre ces deux sortes de dispositions une différence bien essentielle et qui doit produire des résultats importans.

Cette différence ne consiste point en ce que les choses non recueillies n'ont jamais appartenu au titulaire, tandis que celles qui lui sont enlevées pour indignité lui ont appartenu. M. Toullier fonde sur cette différence le rejet de l'accroissement pour la portion de l'indigne. « Le droit d'accroissement, dit-il d'après Furgole, cesse aussitôt que la portion du co-légataire est acquise par l'acceptation. » Ce principe était vrai en droit romain, mais en même temps on admettait aussi que le droit de l'héritier de retenir les parts non recueillies cessait aussitôt l'acceptation, et de là il résultait que le fisc seul était appelé aux parts des indignes. Maintenant, si l'on reconnaît que le droit d'accroissement cesse par l'acceptation, il faut aussi convenir que le droit de rétention de l'héritier cesse en même temps; car ces deux droits sont analogues et ont toujours été admis dans les mêmes circonstances; seulement le droit de rétention venant toujours après le droit d'accroissement, les dispositions vacantes étaient déférées en premier ordre aux conjoints, et, à défaut de conjoints, à l'héritier chargé de les acquitter. Or, on ne voit pas pourquoi M. Toullier rejette ici l'accroissement, tandis qu'il admet la rétention, pourquoi il intervertit l'ordre habituel des appelés à une disposition demeurée sans effet.

La différence essentielle entre l'indignité et l'incapacité consiste en ce que l'incapacité existe de plein droit, tandis que l'indignité doit être prononcée par les tribunaux. Il faut qu'elle soit provoquée par une action en justice, et par cela même il est nécessaire que le droit d'intenter cette action et le droit de profiter de l'objet enlevé à l'indigne reposent sur le même individu, héritier ou co-légataire conjoint; car il serait ridicule de faire exproprier l'indigne par l'héritier, pour que le conjoint recueillît ses dépouilles. Dans le droit romain l'action et le profit étaient unis, car c'était l'avocat du fisc qui intentait l'action en indignité. On se trouve donc placé dans cette alternative : ou admettre l'accroissement et refuser l'action à l'héritier pour la donner exclusivement au co-légataire, ou rejeter l'accroissement et donner l'action à l'héritier. Hors de ces deux cas on violerait la règle qu'il n'y a pas d'action sans intérêt, ou l'on tomberait dans l'absurdité de refuser l'action à celui qui serait intéréssé à ce qu'elle fût exercée. Il faut donc décider si l'action doit être attribuée au co-légataire comme conséquence de son droit d'accroissement, ou si le profit doit être déféré à l'héritier comme conséquence de son droit d'exercer l'action ; c'est-à-dire, si l'action doit être subordonnée au droit de recueillir le profit, ou bien le profit au droit d'exercer l'action.

La question ainsi posée, il nous semble d'abord que le droit du co-légataire à recueillir par accroissement la part de l'indigne ne peut servir de point de départ, parce qu'il n'est point suffisamment fondé. L'accroissement dérive de la volonté du testateur, de ce que le testateur est censé avoir voulu qu'il eût lieu en cas de défaillance. Cela suppose chez le testateur la prévision du cas de défaillance. Or, l'indignité ne peut donner lieu à une telle présomption, parce que l'humanité de notre code la place hors de toutes les prévisions des parties. On n'est jamais censé prévoir l'ingratitude, et c'est pour cela que la révocation pour cette cause n'a pas d'effets rétroactifs.

Et d'un autre côté, l'action en indignité nous paraît appartenir essentiellement à l'héritier soit testamentaire, soit légitime; c'est l'héritier qui représente la personne du défunt, c'est à lui qu'il appartient de venger les outrages faits au défunt ou à sa mémoire. Ce devoir de reconnaissance, qui lui est imposé par sa conscience, lui est prescrit également par la loi, puisqu'elle lui ordonne, sous peine d'être indigne lui-même, de poursuivre le meurtre du défunt. Or, peut-il être que cette vengeance que la loi lui ordonne de poursuivre dans un cas si grave, elle la lui défende dans d'autres cas, tels, par exemple, que celui d'outrage à la mémoire du défunt? C'est cependant ce qui pourrait être si l'on admettait l'accroissement. Supposons un héritier institué et deux co-légataires conjoints: l'un de ceux-ci est coupable du meurtre du défunt; l'héritier pourra le poursuivre même sans y avoir intérêt, puisque la loi lui en fait un devoir; son co-légataire le pourrait aussi, parce qu'il aurait intérêt à la déclaration d'indignité si elle devait donner lieu à l'accroissement en sa faveur. Mais si l'un de ces légataires était indigne pour outrage à la mémoire du testateur, l'héritier ne pourrait plus le poursuivre, parce qu'il ne se trouverait plus dans le cas où la loi l'y oblige. Le co-légataire, seul intéressé à la déclaration d'indignité, pourrait seul intenter l'action. Le résultat auquel on aboutirait, en admettant l'accroissement de la part de l'indigne, serait donc de priver l'héritier de l'action en déclaration d'indignité, à moins qu'on ne voulût qu'il l'exerçât pour le compte et profit d'un autre, ce qui serait inouï dans nos usages judiciaires. Il faut donc admettre que l'action en indignité est essentiellement attachée au caractère d'héritier autant par le code que par les lois de la morale, et que les biens qui sont enlevés à l'indigne sont une dépendance de cette action et la récompense de celui qui l'exerce. Il faut même qu'il en soit ainsi pour garantir l'exécution de la loi contre les indignes. L'action en indignité attaque l'honneur d'un homme, et son exercice est la source nécessaire d'une inimitié capitale. Si un intérêt pécuniaire n'y était attaché, trouverait-on beaucoup d'héritiers qui l'intentassent dans l'unique désir de venger la mémoire d'un bienfaiteur ?

De toutes les questions qui se sont élevées sur le droit d'accroissement, aucune n'a été aussi souvent discutée que celle que nous avons déjà indiquée sur la nature de l'assignation des parts. Il s'agit d'interpréter ces termes de l'article 1044 : *et que le testateur n'aura pas assigné la part de chacun*, et de savoir comment les parts doivent être assignées pour que l'accroissement ne puisse avoir lieu. M. Toullier et M. Duranton, d'après Ricard (1) et Furgole (2), distinguent si l'assignation de parts a eu pour but de diviser le legs entre les légataires, d'en faire autant de legs distincts qu'il y a de personnes appelées, ou bien seulement d'indiquer un mode de partage, d'exprimer qu'ils se partageront le legs après le décès du testateur; c'est ce que ces auteurs formulent par cette distinction : si l'assignation des parts est dans la disposition ou dans l'exécution. Ils ne considèrent que la première comme une véritable assignation de parts dans le sens du code. M. Proudhon s'est vivement élevé contre cette doctrine, M. Grenier la rejette également; mais elle a été adoptée par deux arrêts de la cour de cassation du 19 octobre 1808 et du 14 mars 1815 (3), qui paraissent avoir fixé la jurisprudence.

On peut dire que cette doctrine est fondée en raison. L'intention du testateur est la souveraine loi en matière de dispositions testamentaires, et l'intention de celui qui, après avoir fait un legs conjointement, exprime que les légataires se partageront la chose léguée, n'est point de détruire

(1) 3e partie, 472.

(2) *Des Testam.* c. 9, 15.

(3) Dalloz, *Recueil alphabétique*, tom. VI, p. 187.

l'effet de la conjonction. Les termes par lesquels il annonce que les légataires devront partager ou jouir par égales parts ne font point partie de la disposition déjà complète; ces termes sont une addition superflue, et que la loi suppléerait si elle n'y était pas; ils sont l'expression de l'effet légal que doit produire le legs. Quand l'assignation de parts est dans la disposition, elle existe dès le principe, *initio partes habent legatarii;* quand elle est dans l'exécution, elle est renvoyée au jour du partage, *concursu partes fiunt.* Mais si cette doctrine est conforme à l'esprit de la loi, et surtout au principe de l'exécution scrupuleuse des intentions du testateur, il faut convenir qu'elle ouvre un vaste champ à de puériles discussions de mots, et qu'il est souvent difficile de déterminer si l'assignation de parts est dans l'exécution ou dans la disposition.

On peut recourir, pour peser les argumens apportés pour et contre dans cette importante question, à ce qu'en a dit M. Proudhon et au réquisitoire de M. Daniels, sur lequel a été rendu l'arrêt de 1808.

On a discuté également sur l'étendue des matières que régissent les articles 1044 et 1045. M. Ducaurroy (1) a émis l'opinion qu'ils ne sont appli-

---

(1) *Thémis*, tom. VI, *loc. cit.*

cables qu'aux legs particuliers et nullement aux legs universels, et M. Holtius (1) l'a adoptée; elle est contraire à la doctrine des auteurs qui ont écrit sur le code, et à la jurisprudence (2). Pour l'admettre, il faut ressusciter des distinctions abolies par le code entre les legs et les institutions d'héritier. D'ailleurs le droit romain, qui établissait ces distinctions, appliquait les mêmes règles d'accroissement aux institutions et aux legs, sauf cette particularité pour les institutions qu'il n'était pas besoin de conjonction aucune, particularité qui tenait à la règle : *Nemo partìm testatus, partìm intestatus*, et qui a dû disparaître du droit français avec le principe duquel elle dérivait. Il n'y a donc plus de raison de distinguer, et on se convainc que le code n'a pas distingué quand on observe que le terme générique de legs comprend indistinctement, dans le langage du droit français, toutes les dispositions testamentaires, et que ses règles sur l'accroissement sont conçues en termes généraux et placées dans un chapitre dont toutes les dispositions s'appliquent aux trois espèces de legs, sauf quelques-unes qui, par la nature même

---

(1) *Thémis*, tom. x, *loc. cit.*

(2) Grenier, 352 — Duranton, tom. IX, 501. — Dalloz, tom. VI, p. 185 et suiv.

des cas qu'elles prévoient, sont insusceptibles de se rapporter à l'une ou à l'autre de ces espèces. C'est ainsi que l'article 1038 parlant de la révocation du legs par la vente de la chose léguée ne peut évidemment avoir trait qu'au legs particulier. Mais rien de semblable ne se rencontre dans les articles 1044 et 1045, et rien n'indique que le législateur ait voulu en borner l'application à une seule espèce de legs.

Il est vrai que ces règles appliquées aux legs universels conduisent à des résultats bizarres. S'il y a deux légataires universels par dispositions séparées : « *J'institue Paul mon héritier universel, j'institue Pierre mon héritier universel* », la question d'accroissement entre eux dépendra de savoir si l'hérédité est ou non susceptible de se diviser en deux portions sans détérioration. Or, de l'admissibilité de l'accroissement dépend leur qualité même d'héritiers universels; car, s'ils ne sont pas appelés solidairement, s'il n'y a pas conjonction dans le sens de l'article 1045, chacun d'eux n'est dans le fait que légataire à titre universel de la moitié. Donc, comme la saisine légale n'est attachée qu'au titre de légataire universel, les deux institués, dans le cas que nous avons posé, devront, pour savoir s'ils ont la saisine ou s'ils doivent demander la délivrance aux héritiers naturels, s'enquérir si la succession est ou non facile à partager.

Mais n'est-il pas bizarre aussi de faire dépendre la question de l'accroissement, dans un legs particulier, du point de savoir si la moitié de la chose léguée séparée de l'autre vaut la moitié du prix de la chose entière ou quelque chose de moins?

Enfin, il nous reste à examiner une question qui ne manque pas non plus d'importance, celle de savoir si les règles spéciales que contient le droit romain sur l'accroissement en matière d'usufruit doivent être admises sous notre législation. Cette question en renferme plusieurs dont la principale est celle-ci : l'accroissement doit-il s'opérer entre deux co-légataires d'usufruit, de la part du prémourant à celle de celui qui survit?

Les auteurs antérieurs au code suivaient sur ce point le droit romain; mais MM. Toullier, Grenier et Proudhon s'accordent aujourd'hui à enseigner que sous notre nouvelle législation il ne doit plus exister de différences en matière d'accroissement entre les legs d'usufruit et ceux de pleine propriété. L'unique raison qu'ils en donnent est que ces différences dans le droit romain étaient fondées sur ce que l'usufruit était considéré comme s'acquérant jour par jour, *ususfructus quotidiè constituitur et legatur*, et que cette règle est une subtilité que n'admet point l'esprit de notre code. Chez nous l'usufruit s'acquiert en une seule fois pour tout le temps qu'il doit durer.

Ce raisonnement serait concluant si l'axiome que nous venons de citer était un principe absolu duquel on dut tirer comme conséquences les règles qui concernent les legs d'usufruit. Il nous paraît, au contraire, que ce n'est point là le principe duquel sont partis les jurisconsultes romains, mais seulement le résultat de leurs observations sur la nature de l'usufruit, l'expression de sa qualité essentielle de droit temporaire et de l'incertitude continuelle de son existence du lendemain. La propriété est un droit perpétuel, elle s'acquiert en un moment unique, et c'est pour toujours; l'usufruit s'acquiert pour un temps indéterminé, mais il doit nécessairement prendre fin. Chaque jour il peut cesser par la mort de l'usufruitier, et chaque jour il faut que la condition de sa vie soit remplie pour que ce droit subsiste encore; et c'est précisément parce qu'une circonstance de tous les jours décide s'il continuera d'exister ou s'il cessera, que le droit d'usufruit se renouvelle chaque jour. C'est comme si l'on eût dit que la vie se renouvelle tous les jours, car la vie de l'usufruitier et l'existence du droit d'usufruit sont intimement unies et doivent durer et finir ensemble. Cette parole, *usufructus quotidiè constituitur et legatur*, n'était ainsi qu'une manière de représenter la nature du droit d'usufruit; et d'ailleurs, si c'eût été un principe absolu, une règle fondamentale, la logique des jurisconsultes n'eût pas manqué d'en tirer les conséquences; or, ces conséquences nécessaires eussent été que la cession du jour du legs d'usufruit et son acceptation eussent dû se renouveler chaque jour, parce que chaque legs a sa cession de jour distincte et a besoin d'une acceptation formelle et spéciale. Loin de là, Ulpien a soin de nous avertir que le jour du legs d'usufruit ne cède qu'une fois : *semel cedit dies* (1).

Cette manière de considérer le legs d'usufruit était prise dans la nature même de ce droit; et pourquoi ne l'admettrait-on point dans la jurisprudence française, qui a conservé à l'usufruit la même nature qu'il avait dans le droit romain, et a puisé dans cette législation presque toutes les règles qu'elle a dictées sur la matière de l'usufruit? Les jurisconsultes romains tiraient de là une explication ingénieuse et facile des règles de l'accroissement dans les legs d'usufruit : nous l'avons développée ci-dessus; nous ne voyons pas en quoi le droit français répugnerait à l'admettre.

---

(1) Leg. un. Dig. *Quandò dies usuf. legati cedat.*

Quoi qu'il en soit, cessons d'envisager l'usufruit sous ce point de vue, et cherchons si, dans l'analyse d'un legs d'usufruit fait à plusieurs de la manière prescrite pour donner lieu à l'accroissement, nous ne trouverons point les élémens de décision de la question qui nous occupe. Nous devons y trouver le fondement de la doctrine de la reversibilité de l'usufruit par l'accroissement; car, s'il n'était point là, les jurisconsultes romains n'auraient basé cette doctrine que sur un vain principe inventé à plaisir pour justifier des propositions admises *à priori*.

Nous avons déjà établi que, dans le droit français comme dans le droit romain, la première base du droit d'accroissement c'est la solidarité de vocation. Cela est vrai aussi bien pour le legs d'usufruit que pour celui de propriété, et l'on ne doit admettre le droit d'accroissement que lorsque l'usufruit d'une même chose est légué conjointement et solidairement à plusieurs personnes. L'effet de la solidarité, lorsqu'il y a concours entre les co-légataires, est que leurs droits, portant sur une même chose et ne pouvant être exercés simultanément, et chacun pour le tout, se réduisent mutuellement et proportionnellement. Le mode de cette réduction est facile à saisir dans les legs de propriété. Les droits de propriété étant fixes et absolus, il est aisé d'établir la proportion et de faire immédiatement un partage qui devra être définitif; mais pour les legs d'usufruit il n'en est pas de même. Léguer un même usufruit à deux personnes solidairement, c'est léguer à chacune l'usufruit de la totalité de cette chose pour le temps de sa propre vie. Ce legs en contient donc deux qui concourent sur la même chose, mais qui sont nécessairement inégaux; car le droit d'usufruit étant temporaire, sa valeur varie selon sa durée. Or, il est à peu près impossible que ces deux vies d'homme, et ces deux usufruits par conséquent, aient la même durée. Ainsi, quoiqu'il soit incertain, à l'époque de la constitution de l'usufruit, lequel des deux usufruitiers a les droits les plus considérables, et que cette incertitude doive durer jusqu'à la mort de l'un deux, l'inégalité de leurs droits n'en est pas moins certaine dès le principe. On pourrait donc dès lors calculer le mode de réduction de ces deux droits d'usufruit dont la valeur respective est inconnue, en les représentant par des signes algébriques auxquels on substituerait, après l'événement, les valeurs réelles. Mais, pour plus de facilité dans le raisonnement, supposons qu'un usufruit ayant été légué conjointement à deux personnes, l'une vive vingt ans, l'autre dix seulement: le legs fait à la première est la jouissance pendant vingt ans à partir de la mort du testateur, celui fait à la seconde est la même jouissance pendant dix ans à partir de la même époque. De quelle manière le second de ces legs peut-il réduire le premier proportionnellement à leurs valeurs respectives, si ce n'est en le réduisant à la moitié de la jouissance pendant les dix premières années, et le laissant dans toute sa plénitude pendant les suivantes? Il faut donc, pour concilier les droits solidaires de plusieurs co-légataires d'usufruit, qu'ils se partagent la jouissance tant qu'ils vivent tous, et que le survivant la conserve entière. Elle lui appartenait telle par la volonté du testateur, elle n'a été réduite que par la concurrence des autres; or, cet obstacle n'étant que temporaire, aussitôt qu'il a cessé, son effet doit disparaître, et le droit intégral qu'il restreignait doit reprendre librement son étendue.

Et de quel droit enfin l'héritier viendrait-il réclamer la consolidation à la propriété de la part du prémourant? N'est-il pas vrai que la volonté du testateur en faveur du survivant était qu'il jouît de la totalité sa vie durant? Et puisqu'il existe encore un homme à qui le testateur a voulu donner l'usufruit du tout pendant toute sa vie, comment se ferait-il qu'une partie de cet usufruit fût éteint sans son consentement comme sans aucune faute de sa part? Les droits de cet usufruitier ne pouvaient être réduits que par la concurrence de son co-légataire; ils le seraient au profit de l'héritier, si celui-ci devait recouvrer la moitié de la jouissance après le décès de ce co-légataire.

Nous admettons ainsi que l'accroissement doit s'opérer dans le legs d'usufruit au profit du survivant, aussi bien dans le droit français que dans le droit romain; et, par les mêmes motifs, nous admettrions aussi que cet accroissement n'aurait pas lieu si c'était par non usage que l'usufruit de l'un des co-légataires prît fin, et encore qu'il n'est point nécessaire d'être en possession de sa part pour pouvoir profiter de l'accroissement de celle de son conjoint.

CHAPITRE SEPTIÈME.

DE L'ACCROISSEMENT DANS DES DROITS AUTRES QUE CEUX QUI RÉSULTENT DE DISPOSITIONS TESTAMENTAIRES.

Le droit d'accroissement ne se peut rencontrer dans les contrats; car, si chacun s'oblige ou oblige les autres pour sa part, on ne voit pas que l'un puisse profiter ou perdre par suite de la nullité du contrat qui pourrait avoir lieu à l'égard de l'autre. Leurs intérêts sont séparés de droit, et si, au contraire, il y a solidarité exprimée, elle est soumise à des règles spéciales qui n'ont rien de commun avec l'accroissement. Il est néanmoins des cas où le contrat, nul pour un des co-créanciers ou co-obligés, n'est pas susceptible de s'exécuter partiellement, et doit être exécuté pour le tout par l'autre, ou bien être nul pour le tout. Mais les élémens de décision, dans ces cas-là, ne tiennent pas aux règles de l'accroissement, mais à la nature particulière du contrat, au commencement d'exécution qu'il peut avoir reçu, et à l'interprétation de la volonté commune des parties. Ainsi, par exemple, nul doute que si j'ai acheté une maison pour moi et pour Titius, je ne sois obligé à exécuter le contrat pour le tout si Titius ne veut y accéder; nul doute également que, si j'ai vendu un objet commun et indivis sans l'adhésion de mon associé, la vente ne soit nulle pour le tout, parce que je ne pourrai forcer celui qui a entendu acheter le tout à recevoir une partie. Mais, encore une fois, tout cela ne tient nullement au droit d'accroissement; il n'a jamais lieu dans les contrats à cause de la division de plein droit qui s'y opère toujours, tant entre les créanciers qu'entre les débiteurs.

De même il faut, avec tous les auteurs anciens et modernes, rejeter l'accroissement dans les donations entre vifs. Là aussi chaque donataire a sa part faite, et comme le donateur est à même d'exprimer encore sa volonté, on n'a pas besoin de lui en supposer une, de lui faire donner tacitement à l'un ce que l'autre refuse ou ce qu'il est incapable de recevoir.

Les institutions contractuelles se rapprochent bien plus des dispositions testamentaires que des donations entre vifs, en ce qu'elles ne transfèrent aucun droit immédiatement. C'est pourquoi on s'accorde généralement à y admettre le droit d'accroissement; mais, en l'y admettant, faudra-t-il le soumettre aux mêmes règles que celles qui le régissent dans les legs, ou bien faudra-t-il en chercher d'autres dans le raisonnement, dans la nature et les causes de l'accroissement et dans les présomptions de l'intention du donateur? D'un côté, l'on peut dire que les art. 1044 et 1045 n'ont évidemment pas été faits pour les institutions contractuelles et ne se rapportent qu'aux legs; on ne pourrait donc les appliquer aux premières que par analogie. Or, ces articles sont si défectueux, que l'on est bien naturellement porté à en restreindre du moins l'application aux matières qu'ils ont directement en vue. On devrait alors, sans recourir à ces articles, expliquer les clauses des actes qui seraient susceptibles de donner lieu à l'accroissement selon les règles ordinaires de l'interprétation des actes. Mais, d'un autre côté, ne serait-ce pas tomber dans l'arbitraire et dans la confusion que d'abandonner ainsi les règles de l'accroissement, dans ces sortes de donations, aux lumières et à la logique de chaque juge appelé à interpréter un acte de cette nature?

Il doit se rencontrer rarement des institutions contractuelles qui soient de nature à pouvoir donner lieu à l'accroissement. Il peut arriver cependant qu'une pareille disposition soit faite au profit de deux époux conjointement.

Le droit d'accroissement se présente avec quelques règles spéciales dans les hérédités légitimes (1). Il est à remarquer qu'il ne peut avoir lieu ici que par suite de renonciation ou de déclaration d'indignité, mais que ces événemens ont essentiellement un effet rétroactif, et font considérer le renonçant ou l'indigne comme n'ayant jamais été au nombre des héritiers appelés par la loi.

De là il s'ensuit que la succession doit être dévolue et répartie comme elle l'eût été si ces successibles n'avaient point existé à l'époque de la mort du défunt. Ainsi leur part sera dévolue à ceux du même degré s'il en existe (et c'est là le seul cas où il y ait un véritable accroissement), et, s'il n'en existe point, à ceux qui auraient recueilli la succession à leur place. Telle est la règle de l'art. 786.

Il faut observer, dans cet accroissement ou cette dévolution, les règles de la division par souches, ou de la division par branches paternelle et maternelle, s'il y a lieu à l'une ou à l'autre; de sorte que, si le renonçant ou l'indigne appartient à une souche, les seuls membres de cette souche recueilleront sa portion; s'il appartient à une branche, ceux de l'autre ne profiteront en rien de sa retraite.

---

(1) *Voir* Chabot de l'Allier, sur l'art. 786.

On ne fait pas même exception à cette règle lorsque le renonçant conserve une donation qui lui a été faite entre vifs; car alors il est considéré comme étranger, la chose qui lui a été donnée ne se trouve pas dans la succession et ne peut être comptée dans la part de l'une ou de l'autre branche. On peut voir sur ce point M. Chabot et un arrêt de la cour de Paris du 1er juillet 1811.

De même encore, si la succession est à diviser entre les père et mère du défunt et ses frères ou sœurs, la renonciation de l'un d'eux ne profite jamais au père ni à la mère, parce qu'ils ont leur part fixée individuellement et indépendamment du nombre des frères ou sœurs qui concourent avec eux.

Si deux frères, l'un utérin, l'autre consanguin, sont en concours, et que l'un renonce, sa part n'est point dévolue aux parens de la même branche que lui, mais elle accroît à l'autre frère.

Enfin, de ce que la part du renonçant est répartie comme s'il n'eût jamais été appelé à la succession, il faut conclure que l'accroissement est forcé; son co-héritier est dans la même position que s'il eût toujours été seul, et il ne peut scinder son acceptation. On ne peut concevoir une succession acceptée pour une moitié et vacante pour l'autre.

Quelques auteurs anciens admettaient une espèce particulière d'accroissement en matière de communauté; c'était dans le cas où la communauté ayant été dissoute par la mort de la femme, celle-ci avait laissé plusieurs héritiers dont les uns acceptaient la communauté et les autres y renonçaient. C'était le sujet de graves difficultés que de savoir si la part des renonçans devait accroître à leur co-héritiers ou rester au mari, et de quelle manière et par qui devaient être payées aux renonçans les reprises auxquelles la femme avait droit en cas de renonciation.

Lebrun (1) a exposé trois opinions sur ce sujet, qui paraissent toutes trois avoir compté des partisans. Pour plus de simplicité, il ne suppose que deux héritiers on enfans, l'un acceptant, l'autre renonçant. Il suppose qu'il y a eu stipulation de reprise des apports en cas de renonciation.

D'après la première opinion, celui qui accepte aurait droit par accroissement à la moitié entière de la communauté qui serait obvenue à la femme; celui qui renonce aurait droit aussi, par une sorte d'accroissement, à la totalité des reprises. Mais, comme le mari doit avoir sa moitié de la

---

(1) *De la Communauté*, liv. III, ch. II, sect. 2, dist. 1, pag. 453.

communauté intacte, ce serait l'acceptant qui devrait payer les reprises au renonçant.

D'après la seconde opinion, l'acceptant n'aurait droit qu'au quart de la communauté, le renonçant qu'à la moitié des reprises. Le mari garderait le quart de la communauté qui serait obvenu au renonçant s'il eût accepté, mais aussi ce serait lui qui devrait lui payer sa moitié des reprises. Lebrun observe que cet accroissement du quart de la communauté au mari serait irrégulier, parce que le mari n'est pas *conjoint* avec le renonçant; c'est, au contraire, l'autre héritier de la femme qui lui est conjoint, et qui en cette qualité devrait obtenir le droit d'accroissement. Il serait plus vrai de dire que le mari ne viendrait point par droit d'accroissement, mais par un droit de rétention. En cas de renonciation le mari garderait, retiendrait ce qu'il devrait payer en cas d'acceptation.

La troisième opinion veut que l'on accorde à l'acceptant, par droit d'accroissement, tous les droits de la femme sur la communauté, mais qu'il n'ait à payer au renonçant que la moitié des reprises. C'est pour cette dernière opinion que Lebrun se prononce.

Pothier (1) adopta la seconde et démontra que

---

(1) *De la Communauté*, part. III, chap. II, art. 3.

cette question n'a rien de commun avec le droit d'accroissement. Les héritiers de la femme ne sont point solidaires; au contraire, les droits à la communauté ont été divisés de plein droit entre eux, *initio partes habent*, et il ne peut y avoir lieu entre eux au droit d'accroissement : le mari retient la part des renonçans, parce que si la femme eût renoncé, ou si tous les héritiers eussent renoncé, il aurait retenu le tout. De même les reprises de la femme, en cas de renonciation, sont des droits divisibles et divisés de plein droit entre ses héritiers: ceux qui renoncent peuvent donc les exercer pour leur part contre le mari, de même que s'ils renonçaient tous, ils les exerceraient ensemble pour le tout. Ces reprises ne peuvent être exercées que sur la part du mari et après distraction faite de la part de communauté qui revient à ceux des héritiers de la femme qui l'ont acceptée; car elles sont l'équivalent de la part qu'eussent obtenue les renonçans s'ils eussent accepté la communauté, et doivent peser uniquement sur le mari, à qui cette part demeure. Ainsi il faut d'abord que le mari partage la communauté avec l'héritier qui l'a acceptée, et lui délivre sa part héréditaire de la moitié qui fût obvenue à la femme, puisque les reprises sont exercées, aussi proportionnellement à leurs parts héréditaires, par ceux qui ont renoncé à la communauté, sur ce qui est obvenu au mari.

Le code par son art. 1475 a sanctionné la doctrine de Pothier.

Il se présente quelques fois dans les successions légitimes ou testamentaires un cas qui donne naissance à des questions analogues à celle que nous venons d'examiner pour la communauté : c'est lorsqu'un héritier décède avant d'avoir accepté ou répudié, et laisse plusieurs héritiers qui ne s'accordent point sur l'acceptation ou la répudiation à faire.

L'ancienne jurisprudence admettait en principe que de même que la qualité d'héritier eût été indivisible pour le défunt, elle devait l'être pour ses héritiers, et que ceux-ci devaient se concerter pour accepter ou répudier pour le tout du chef du défunt. Mais, en cas de désaccord, on prenait pour base du choix à faire entre l'acceptation et la répudiation, le *quid utilius;* on forçait les héritiers à adopter le parti qui eût été le plus avantageux à leur auteur.

Le code civil (art. 782) veut qu'en pareil cas l'acceptation sous bénéfice d'inventaire soit forcée. Cette décision présuppose l'indivisibilité de la qualité d'héritier et la nécessité pour les héritiers de l'héritier de prendre un parti unique.

Mais cet article est dans le titre des successions *ab intestat;* faut-il également l'appliquer aux dispositions testamentaires?

Il ne nous paraît nullement douteux qu'il le faut appliquer aux héritiers d'un légataire universel ou à titre universel; il y a même position et même raison de décider : mais il nous semble qu'il en doit être différemment pour les legs particuliers. En effet, si la décision portée pour les héritiers de la femme relativement à l'acceptation ou répudiation de la communauté, n'est point admise pour ce qui concerne les héritiers d'un héritier, c'est que, par la transmission qui leur a été faite des droits de leurs auteurs, ils succèdent directement au défunt sans qu'il se trouve personne qui soit chargé de leur délivrer les biens de la succession, et qui puisse, selon leurs divers vouloirs, donner sa part à celui qui la réclamera, et retenir celle de celui qui renoncera, comme fait le mari envers les héritiers de la femme. C'est là ce qui nécessite un accord entre les héritiers. Mais s'il s'agit d'un legs particulier, il n'en est plus de même : ce legs était une créance du légataire contre l'héritier; le légataire mort sans avoir accepté, cette créance se divise de plein droit entre ses héritiers, chacun d'eux n'a que le droit d'en demander sa part à l'héritier à qui leur auteur eût demandé le tout, et il n'y a nul inconvénient à ce que l'un accepte et se fasse délivrer sa part, et l'autre renonce et laisse la sienne à l'héritier. C'est là le seul parti qu'on puisse prendre; car, d'un côté, il ne peut y avoir accroissement entre ces divers héritiers du légataire, puisqu'il n'y a point solidarité entre eux; le legs est divisé de plein droit comme toute créance et toute dette; et, d'un autre côté, il ne peut y avoir lieu à appliquer l'art. 782, car l'acceptation sous bénéfice d'inventaire ne se peut admettre pour un legs particulier.

TABLE.

FIN DE LA TABLE.

www.ingramcontent.com/pod-product-compliance
Lightning Source LLC
Chambersburg PA
CBHW070510200326
41519CB00013B/2773

* 9 7 8 2 0 1 9 5 9 1 3 1 1 *